＼社会保険労務士のための／

「働き方改革」
対応・助成金

実務のポイント

佐藤 敦規 （社会保険労務士法人すばる） 著
Atsunori Sato

同友館

前書き

「年次有給休暇の取得義務」,「時間外労働の上限規制」など働き方改革に関連する法律が4月に施行されました。いよいよ本番を迎えた働き方改革ですが,大手企業と中小企業では,その取り組みに対する温度差があるようです。「前のように残業ができなくなった。有休を強制的にとらされる」といった話を大企業に勤務している知人から聞きます。

　一方,取り組む目途がついている中小企業は,半数に満たないということを日本商工会議所の統計調査（働き方改革関連法案への準備状況等に関する調査）が示しています。準備が進まない理由の一つとして,金銭的な面があるかと思われます。ここ数年来の景気拡大による恩恵を受けている中小企業があるものの,最低賃金のアップ,求人難による求人費用の増加などにより必要経費も増大しているため,利益が残りにくくなったという実情があります。また個人情報保護法に対応するためのプライバシーマーク取得費用なども発生し,負担となっています。

　キャッシュフローが厳しい中小企業にとって,助成金は大きな助けとなります。年間で何百万という営業利益に等しいお金が入ってくるため,企業によっては売り上げが激増するのと同じ効果があるのです。我々,社会保険労務士の主な顧問先である中小企業が元気になれば,社会保険労務士の仕事も拡大していきます。ただし本書で紹介する厚生労働省関連の助成金を利用している中小企業はあまり多くないようです。社会保険労務士が顧問として関与していない企業も多数あることと,全ての社会保険労務士が助成金について積極的に提案していないからです。社会保険労務士として実務に係るまでは,手続き業務や給料計算,労務相談

iii

などと同様に助成金についても取り扱っているものだと考えていましたので，想定外でした。実際，私が助成金業務を担当して，「ルールが変更されることが多いので，これはなかなかビジネスとして確立するのは難しいものがある」と痛感しました。

　我々，専門家がそう感じるのであれば，中小企業の担当者が独自に申請を行うのは，より負担が大きいのは自明のことです。中小企業が助成金を活用するためには，専門家の力が必要なのです。本書は助成金の情報を網羅的に伝えるものではありません。働き方改革に結び付く助成金に的を絞り，どうすれば円滑に助成金の代行申請が進むかということを主旨として書かれています。同時に社会保険労務士のビジネスモデルとして成功するために行うことにも述べています。皆さまの顧問先である中小企業が助成金を原資として，働き方改革に取り組みに成功し，生産性の向上が繋がることを祈念としています。

　最後に本書の執筆につきましては，出版企画のご提案から本書の構成，刊行に至るまで，同友館の佐藤次長に大変お世話になりました。心から感謝します。また第6章の内容について校閲していただいた公認会計士・税理士の龍崎則久様にもお礼申し上げます。

社会保険労務士　佐 藤　敦 規

働き方改革の3つの柱と言われているのが,「処遇の改善（賃金など）」と「制約の克服（時間・場所など）」,「キャリアの構築」です。その具体的な対応策として19の施策が示されています。下図のように施策の実現をサポートするための助成金が用意されています。本書では,その中でも中小企業のもう一つの課題である生産性の向上に直結する助成金を紹介します。

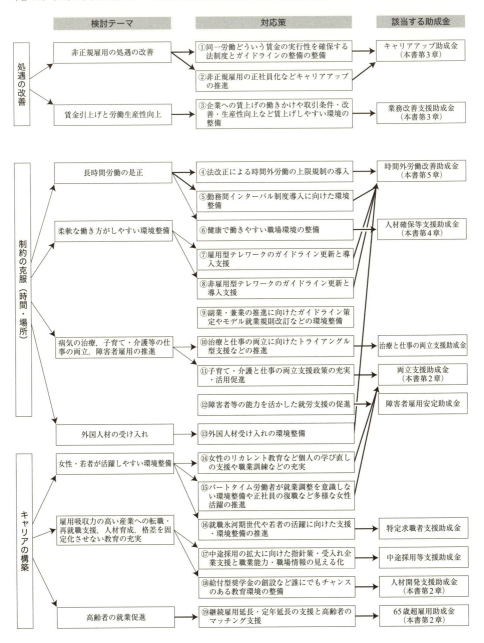

◉目次◉

前書き　iii

第1章　生産性を向上させる3つのポイント……………… 1

1. 働き方改革のスケジュールと企業が対応すべきこと　2
   - （1）施行済　4
   - （2）これから施行される施策　10
2. 働き方改革のゴールは生産性のアップ？　14
   - （1）生産性とは一人当たりの付加価値　14
   - （2）日本人労働者の生産性が低いのは中小企業に要因がある　15
3. 中小企業が労働生産性を上げるための3つのポイント　17
   - （1）社員教育の実施　17
   - （2）社員のモチベーションアップと雇用の持続化　18
   - （3）業務の標準化　18
4. 生産性アップの施策の原資は助成金で確保する　20
   - （1）助成金と補助金の違い　21
   - （2）助成金の共通申請要件　23
   - （3）助成金の情報収集はどうする　27
   - （4）労働生産性向上の加算について　28
   - （5）生産性要件の加算がある助成金　30
   - （6）生産性の要件の計算は税理士の仕事？　30
   - （7）都道府県独自の助成金　33

第2章　社員教育と継続雇用に有効な助成金 ················35

1. 人材開発支援助成金—社員教育をサポート！　36
   （1）特定訓練コース　37
   （2）特別育成訓練コース　66
   コラム 教育訓練に関連する助成金の申請代行は利益を出せるのか？　71
2. 両立支援等助成金
   —男性の育児休暇の取得で社員満足度を向上！　73
   （1）出生両立支援コース　73
3. 65歳超雇用助成金—生涯現役社会をサポート！　78
   （1）高年齢者無期雇用転換コース　78

第3章　社員のモチベーションアップに繋がる助成金 ········85

1. キャリアアップ助成金
   —有期社員の待遇改善で助成金が貰える　86
   （1）正社員化コース　86
   （2）賃金規定等共通化コース　98
   （3）共通諸手当制度　103
   （4）健康診断コース　105
2. 業務改善支援助成金—最低賃金の引き上げで求人の確保　109

第4章　業務の標準化を進める上で利用可能な助成金 ····113

1. 人材確保等支援助成金
   —公平な評価制度の導入で従業員の満足度を高める　114
   （1）人事評価改善等助成コース　114

vii

（2）雇用管理助成制度　123

2. 雇用管理助成制度　124

コラム 労働条件の不利益変更は許されるのか　127

第5章　今年から拡充・新設された助成金 …………………129

1. 時間外労働改善助成金
　—働き方改革を推進する施策にかかる費用を補填できる　130

（1）時間外労働上限設定コース　130

（2）勤務間インターバル導入コース　137

2. 人材確保等支援助成金働き方改革支援推進コース　142

コラム 外国人労働者と助成金　147

第6章　助成金の節税処理と効果的な使い方 ……………151

1. 助成金は収益として扱われる　152

2. 所得拡大促進税制による減税　154

3. 退職金制度や法人生命保険の導入による節税対策　157

（1）中退共は経営者にとってメリットが大きいがデメリットもある　157

（2）生命保険で退職金制度を作る　159

（3）中小企業倒産防止共済　161

コラム 助成金以外にも収入の柱を持つ　161

第7章　助成金ビジネスを成功させるための
　　　　5つのポイント ……………………………163

1. 業務委託契約の締結　164

2. 着手金の必要性　171

3. スケジュール管理と書類を収集するコツ　174

コラム 助成金申請上のヒヤリハット　177

4. 窓口での対応（応酬話法）　179

5. 助成金の変更情報を収集するためには　181

付録　各都道府県の問い合わせ窓口……………………………185

本書は，執筆時点（2019年4月）の法令や情報を基に記述しているため，今後の法改正や助成金の制度変更に伴い，記述内容と異なるケースがございますので，予めご了承ください。

第1章
生産性を向上させる 3つのポイント

生産向上させる施策を実現するための
助成金の概要について紹介します。

1. 働き方改革のスケジュールと企業が対応すべきこと

働き方改革の関連法（労働基準法，雇用対策法，労働安全衛生法，じん肺法，労働時間等改善法，労働契約法，パートタイム労働法，労働派遣法）は，以下の3つの指針に沿って改正されました。

・長時間労働の是正

・多様で柔軟な働き方の実現

・雇用形態にかかわらない公正な待遇確保

【各法律の施行時期】

月日	内容	提案可能な助成金
2019年4月施行	【労働基準法改正】 ②年5日の有休取得義務 ②時間外労働の上限規制：中小企業は2020年から 執行猶予（5年間）：自動者運転業務，建設業務，医師，鹿児島・沖縄の砂糖製造業 適用除外：新技術・新製品等の研究開発 ③フレックスタイム制の見直し ③高度プロフェショナル制度の創設	■時間外労働改善助成金 ■東京都働き方改革助成金
	【労働安全衛生法】 ④労働時間の状況の把握の義務化 ⑥産業医等の機能強化	■時間外労働改善助成金 ■小規模事業場産業医活動助成金
	【労働時間等設定改善法改正】 ⑦勤務時間インターバル制度の導入（努力義務）	■時間外労働改善助成金
2020年4月施行	【パートタイム労働法・労働契約法】 ①同一労働同一賃金 ・短時間・有期労働者と正規労働者との不合理な待遇の禁止 ・労働者の待遇に関する説明義務	■キャリアアップ助成金 ・賃金規定共通化コース

2

第1章　生産性を向上させる3つのポイント

	・行政による事業主への助言・指導等や有期労働者・派遣労働者についての裁判外紛争解決手続（行政ADR）に根拠規定を整備 【労働者派遣法改正】 ・派遣労働者と派遣先労働者との不合理な待遇の禁止 ・派遣労働者の待遇に関する説明義務の強化 ・行政による事業主への助言・指導等や有期労働者・派遣労働者についての裁判外紛争解決手続（行政ADR）に根拠規定を整備	・共通諸手当コース
2021年4月施行 中小企業	【パートタイム労働法・労働契約法改正】 ①同一労働同一賃金 ・短時間・有期労働者と正規労働者との不合理な待遇の禁止 ・労働者に対する待遇に関する説明義務の強化 ・行政による事業主への助言・指導等や有期労働者・派遣労働者についての裁判外紛争解決手続（行政ADR）に根拠規定を整備	■キャリアアップ助成金 ・賃金規定共通化コース ・共通諸手当コース ■人材確保等助成金
2023年	【労働基準法】 ②月60時間を超える時間外労働の割増賃金率を50％以上とする中小企業に対する猶予措置を廃止	■人材確保等助成金 ■人材開発支援助成金 ■時間外労働改善助成金

　それぞれ施行済のものと，これから施行されるものに分けて対策と利用可能な助成金について紹介します。

3

（1）施行済

① 年5日の有休取得義務（労働基準法第39条7項）

概　要

　年次有給休暇が年10日以上付与される労働者（管理監督者を含む）に対して，そのうちの年5日について使用者が時季を指定して取得させることを義務付けました。労働者が自主的に5日の有給を取得した場合は不要です。労働者ごとに年次有給休暇管理簿を作成し，3年間保存しなければなりません。この条文に対して以下の罰則規定があります。罰則による違反として，1人1罪として扱われます。

違反条項	違反内容	罰則規定	罰則内容
労働基準法第39条第7項	年5日の年次有給休暇を取得させなかった場合	労働基準法第120条	30万円以下の罰金
労働基準法第89条	使用者による時季指定を行う場合において，就業規則に規定しない場合	労働基準法第120条	30万円以下の罰金
労働基準法第39条第7項	労働者の請求する時季に所定の年次有給休暇を与えなかった場合	労働基準法第119条	6ヶ月以下の懲役または30万円以下の罰金

対　策

　最初にすべきことは過去3年間，社員ごとの有休の取得状況を把握することです。中途採用の社員やパート社員が多い会社では，有休の発生する時期が異なってきますので有休管理ソフトなどで管理する必要があります。日本人の平均有休取得割合率は53.3％。取得日数は10日。この数字だけ見ると改めて制度化しなくても実現できているように思われますが，正社員の16％が1日も有休を習得していないという事実もあります。特に社労士の顧問先となる中小・零細企業では，なかなか有休を取得できないという傾向はあるかと思います。さらに中小企業で取得率が低かった会社では，業務の進行に影響が出ることもあります。50

第1章　生産性を向上させる3つのポイント

人の従業員がいる企業で5日の有休を取得すると50人×5日で250日，1人の労働力が欠けることになるからです。こうしたことも考慮して人手を増やす方策も必要となるでしょう。人員を増員すると申請の対象となる時間外労働改善助成金などを提案できます。なお，最近よく聞かれる「夏季休暇などの特別休暇」を転用することは，労使協定結ぶ以外は労働条件の不利益変更になるため不可となります。

② 時間外労働の上限規制（労働基準法第36条）
中小企業は2020年4月より適用

概　要

時間外労働の上限を罰則付きで規制するものです。今までも時間外労働の規制はあったのですが，36協定で特別条項を結ぶことにより1年のうち6ヶ月は，無制限で残業ができました。今後は特例においても下記の時間が上限となりました。上限を超えた場合は，6ヶ月以下の懲役または30万円以下の罰則が適用されます。実際に上限時間を超えたら即，罰則が適用されないとは思われますが，保障はありません。

【限度時間の特例における時間外・休日勤務の上限】

1ヶ月	100時間未満（休日労働を含む）
2ヶ月ないし6ヶ月	1ヶ月当たりの平均80時間 （休日労働を含む）
1年間	720時間
原則の45時間を超えられる月数	1年について6ヶ月以内（年6回まで）

対　策

過去3年間の社員ごとの残業時間と制限を超えた月があるかを確認する必要があります。中小企業では，社員の勤怠管理をExcelなどで管理していることが多いと思われますが，時間超過について勤務管理ソフト

5

などを導入してアラートが出る仕組みを提案してみましょう。こうした経費は時間外労働改善助成金で補うことを説明しましょう。36協定方式も変更となったので作り直す必要があります。残業時間の削減のためには，残業の許可制やノー残業デーの導入などをする企業が多いですが，それだけでは不十分です。中小企業の場合，情報の共有化やマニュアル化がされず特定の従業員に仕事が集中しているのが要因であることが多いからです。したがってまず業務の分担ができないかをアドバイスしてみます。明らかに人手が足りていない場合は，新規に採用を提案します。

③ フレックスタイム制の見直し（労働基準法第32条の3項2）

概　要

　清算期間の上限を1ヶ月以内から3ヶ月に延長し，柔軟な働き方ができるようにしました。3ヶ月の平均時間で労働時間を算出すればよいので繁忙期が去った月は，労働時間を減らして体を休めることができます。新たなフレックスタイム制について労使協定を結んだ際は，行政官庁への届け出が必要です。

　ただし特定月に業務が集中することを防ぐため，各月で週平均50時

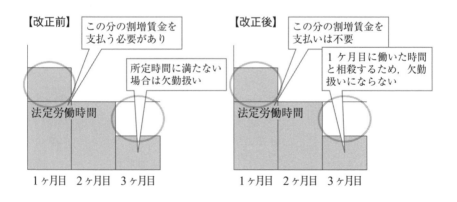

第1章　生産性を向上させる3つのポイント

間を超えた場合は，その月ごとに超えた時間に対する割増賃金の支払い
をしなければなりません。

対　策

　フレックス制に向いている職種と向いていない職種があります。向い
ているのは，企画，設計，外資系企業等で海外と頻繁に連絡がとる必要
がある部署，IT系の技術者などです。常時，顧客との対応が迫られる
接客業，医療現場，運輸業には向いていません。フレックスタイム制
は，ここ10年間，不在社員がいると仕事の流れが停滞するという理由
から導入しても廃止する企業が多かったです。しかし職種によっては，
残業時間の削減でき社員に休息を与えることができますので提案する価
値があります。東京都に限定されますが，フレックス制の導入で支給さ
れる助成金もあります。

④ 高度プロフェショナル制度の導入（労働基準法第41条の2）

概　要

　時間でなく成果で評価される働き方を選択できるようにするため，職
務の範囲が明確で高年収の労働者が高度の専門知識を必要とする等の業
務に従事する場合に労働時間や休憩，休日および深夜の割増賃金等の規
定から適用除外とします。制度の導入には，労働者の同意と労使委員会
の決議等が必要となります。

対　策

　対象となる業務には，金融商品の開発業務，金融商品のディーリング
業務，アナリストの業務（企業・市場等の高度な分析業務），コンサル
タントの業務などとされています。一般的にはコンサルタント会社など
も想定されます。これらの会社では，高度プロフェショナル制度に該当

7

しないコンサルタント以外の一般社員がいます。そうした社員と高度プロフェショナル制度が適用される対象社員との規定の変更などを提案できます。

⑤ 労働時間の状況把握を客観的に実施する義務
　（労働安全衛生法第66条の8の3）

概　要

　使用者は，長時間労働者等に対する面接指導を実施するため，労働時間の労働時間の状況を把握しなければなりません。改正前では，対象外となっていた管理監督者，みなし労働時間制が適用される労働者も対象に含まれるようになったのがポイントです。

　使用者は原則として次の方法で労働者の労働日ごとの始業・終業時刻を確認し，適正に記録することを求められています。

・使用者が自ら現認することにより確認
・タイムカードやICカード，パソコンの使用時間の客観的な記録を基礎として確認し，適正に記録すること

対　策

　労働者がエクセルなどの出勤簿に自ら入力する方法も認められていますが，自己申告による数字と入退場記録やパソコンの使用時間等から把握した在社時間との間に著しい乖離がある場合は，実態調査を実施し，労働時間の補正をする必要があります。

⑥ 医師の面接指導（労働安全衛生法第66条の8）
　【主な改正点】下記の3つの点において産業医との連携が強化されるようになりました。

第1章　生産性を向上させる3つのポイント

（1）時間外労働月80時間を超える労働者から申出があった場合は面接指導を行わなければならなくなりました（従来は100時間）。

（2）時間外労働の上限対象外とされている新技術・新製品等の研究開発業務労働者が，月100時間を超える残業時間（1週間あたり40時間）が100時間を超える場合は，医師による面接指導をしなくてはなりません。

（3）同じく時間外労働の上限対象外とされる高度プロフェショナル制度（特定高度専門業務・成果型労働制）の対象労働者が月100時間を超える残業を行った場合は，医師による面接指導を行わなければなりません。

　（2）と（3）の面接指導を行わなかった場合は，罰則が科されます。

対 策

50人以下の中小企業では産業医がいないため，この条項に対してなかなか腰が動かないと思われます。そこで小規模事業場産業医活動助成金を絡めて提案すると興味を示してくれると思います。

⑦ 勤務間インターバル制度の導入（労働時間改善法）

概 要

勤務時間の終了の時刻から次の始業時刻までの間に一定時間の休息を確保しようとする制度です。疲労回復に重要な睡眠の確保やワークライフバランスの実現を目標としています。インターバルの時間は9時間以上であれば，自由に設定してよいことになっています。24時間につき連続で11時間のインターバルを導入した場合は，次のようになります。政府は2020年までに勤務時間インターバル制度を導入している企業の割合を10％以上とするという目標を定めています。

9

対策

　この制度を提案しても，大企業は別として承諾する会社は多くないように思われます。制度自体は努力義務で有休の強制付与や時間外労働の制限のような罰則規定がないからです。詳細は，第5章で述べますが，時間外労働の削減の手段の一つとして提案することが肝要です。この制度の浸透をサポートするための勤務間インターバル導入コース助成金を拡充されていますのでそれらと合わせて提案するとよいでしょう。

　企業が注目しているのは，罰則規定がある①（年休5日の強制付与）と②（時間外労働の削減）でしょう。

(2) これから施行される施策
① 同一労働同一賃金
　（パートタイム労働法・労働契約法・労働者派遣法）

概要

・不合理な待遇差をなくすための規定を整備

　パートタイム労働法と労働契約法がパートタイム・有期雇用労働法として一つになりました。それに伴い，労契法の20条の内容がパート有期法8条に移行しました。基本給，賞与，役職手当，食事手当，福利厚生，教育訓練などそれぞれの待遇ごとに，その性質・目的に照らして適切と認められる事情を考慮して判断されるべき旨を明確化します。

第1章　生産性を向上させる3つのポイント

・労働者に対する待遇に関する説明義務の強化
・行政による事業主への助言・指導等や有期労働者・派遣労働者についての裁判外紛争解決手続（行政ADR）に根拠規定を整備
・派遣労働者の均等・均衡待遇

　派遣労働者についてもパートタイム・有期雇用労働法と同様の規制を整備します。

　派遣元事業主は，原則，派遣先に雇用される通常の労働者との均衡を考慮し，派遣労働者の職務内容，職務の成果，意欲，能力または経験等を勘案して賃金を決定しなければなりません。事情により派遣先から情報を入手できない場合は，労使協定を結んだ上，国が示す統計上の時給と同等以上の給料を派遣労働者に支払う必要があります。

　同一労働同一賃金の施行まで中小企業では後2年の猶予がありますが，中小企業の経営者にとって最も気になるテーマかと思われます。パートタイマーの賃金や手当をどの程度，正社員のものに近づければよいのか，資金繰りを左右する問題だからです。特に派遣会社の経営者は，派遣社員に対して派遣先の社員と均衡な待遇を求められていることから非常に関心が高いものがあります。

【報酬区分ごとの基本的な考え方】

報酬区分	基本的な考え方
基 本 給	原則は根拠となる要素（能力，役割等）が同じであれば，雇用形態によらず同一水準であるべき。ただし職務内容や内容の将来に対する期待等に違いがある場合には，異なる水準でも許容される。
賞　　与	成果に対する功労という意味あいの強い報酬であるが，労務対価の後払い等の意味合いを含むことも多く，将来に対する期待等の違いを根拠として水準に差を設けることは認められている。

11

手　当	雇用形態によらず同じ業務を担当した場合には同一水準を支給すべきである（例：作業手当）。 また雇用形態によらず，同一業務を実施した場合には同一水準を支給すべきである（例：精勤手当，皆勤手当，無事故手当）。
福利厚生	食堂や休憩室は正社員，非正規社員問わず利用できるようにしないといけない。 休職や法定外休暇についても非正規社員に対して同様に与えるようにしなければならない。

対　策

　この法案の主旨である，不合理な差があってはいけないということは，条文では下記のように定義されています。下線部の3つの要素に注目して労働条件の相違が，合理的か否か決めるものです。

（短時間労働者の待遇の原則）
第8条　事業主が，その雇用する労働者の待遇を，当該事業所に雇用される通常の労働者労働者の待遇と相違するものとする場合においては，1当該労働者の業務の内容及び当該業務に伴う責任の程度（以下「職務の内容」という），2当該職務の内容及び配置の変更の範囲，3その他の事情を考慮して，不合理と認められるものであってはならない。

　1. 職務の内容　現在従事している職務の内容
　2. 転勤や昇進昇格の見込み
　3. 労使の取り決め，慣行など

　例えば，新入社員が同じ業務・責任の程度であっても総合職と一般職とで初任給が異なることがあります。これは将来的な転勤や昇進や昇格の可能性があるからです。同様に合理的な説明がつけば正社員と有期社員やパート社員との間で待遇の差があっても問題ないのです。したがっ

第1章　生産性を向上させる3つのポイント

て現状の賃金制度などを見せてもらい，何を根拠に何に対して支給され
ているのか，雇用形態（正規/非正規，無期/有期）によってどのよう
な差異があるのかを確認しましょう。例えば，皆勤手当が正社員だけに
存在するのは問題です。有期社員にも皆勤手手当を導入するようにしま
す。その上で就業規則や賃金規定の見直しを提案します。

　賃金規定の見直しに伴いキャリアアップ助成金の賃金規定共通化コー
ス，賃金手当制度なども併せて提案します。部分的に就業規則や賃金制
度を修正するのではなく，これを機に評価制度の見直しなどにも取り組
んでみましょう。

② 月60時間を超える時間外労働の割増率の引き上げ（2023年4月）

概　要

　中小企業について導入が猶予されていた月60時間を超える時間外労
働の割増賃金率が25％から50％へ変更されます。月60時間を超える時
間外労働に対しては，その超えた労働時間に5割以上の率で計算した割
増賃金の支払い義務があります。この制度は2010年（平成22年）から
施行されていますが，「中小企業」に対しては適用が猶予されていまし
た。この猶予が，2023年に廃止されます。施行されるまで4年近くあ
りますが，割増賃金が50％になると人件費が高騰し支えきれなくなる
恐れがありますので中小企業にとっては死活問題です。

対　策

　残業時間を削減しろと言っても減らすことはできないでしょう。教育
訓練などによって生産性を向上させる。社内の職務分担制度を見直して，
特定の従業員の負荷がかからないような仕組み作りが必要です。人材確
保等助成金を利用して人事評価制度を策定する，人材開発支援助成金を
利用して教育訓練を行い社員のスキルアップを図ることができます。

13

2. 働き方改革のゴールは生産性のアップ？

　なぜ政府は働き方改革の推進に力を入れるのでしょうか？　厚生労働省のホームページの「働き方改革」の実現─「働き方改革のめざすもの」に向けての中で次のように記されています。

....

　我が国は，「少子高齢化に伴う生産年齢人口の減少」「育児や介護との両立など，働く方のニーズの多様化」などの状況に直面しています。こうした中，投資やイノベーションによる生産性向上とともに，就業機会の拡大や意欲・能力を存分に発揮できる環境を作ることが重要な課題になっています。「働き方改革」は，この課題の解決のため，働く方の置かれた個々の事情に応じ，多様な働き方を選択できる社会を実現し，働く方一人ひとりがより良い将来の展望を持てるようにすることを目指しています。

....

　少子高齢化の進展に伴い，従来のような成人男性の減少した穴を埋めるため，今まで職場に進出していなかった女性や高齢者にも働いて貰うことが不可欠となりました。ただし女性や高齢者は，子育てや体力的な面があるので成人男性のような長時間労働ができない人もいます。つまり短時間で効率よく働く必要が生じたのです。

（1）生産性とは一人当たりの付加価値

　労働生産性という言葉をよく聞きますが，どのような指標なのでしょうか？　生産性とは，アウトプット結果をインプット量で割ったものです。労働生産性は企業の活動における付加価値額を労働者の数（もしく

は労働時間）で割った数字を指します。より短い時間でより付加価値
（利益）を生み出すことが生産性の向上に繋がります。

　付加価値額の算出方法は，次の2つの方法があります。

①中小企業庁方式
　売上高－（材料費＋購買部品費＋外注工賃）（製造業）

②日銀方式
　経常利益＋人件費＋金融費用＋賃借料＋租税公課＋減価償却費

　また労働生産性に関連する指標として労働分配率というものもありま
す。労働分配率とは，その会社が生み出した付加価値（利益）に占める
人件費の割合を表します。

　労働分配率＝人件費÷付加価値×100

　労働分配率は上記の計算式で算出します。分配率の平均は40～60％
程度が理想だと言われていますが，業種によって数値は大きく異なりま
す。業種でいえば製造業が最も高く（47.8％），飲食業が最も低い数字
となっています（61.9％）（平成29年　企業活動調査より）。
　労働集約型の産業は高くなるという傾向があります。人件費が大半を
占めている状態は好ましくありませんが，少ないのも従業員のモチベー
ションが上がりません。

(2) 日本人労働者の生産性が低いのは中小企業に要因がある

　ここ数年来，日本人の労働生産性は低いという指摘があります。実
際，2017年12月，日本生産性本部は，日本の時間あたりの労働生産性

15

はOECDに加盟する35か国中20位で，先進7か国の中では最下位だったと発表しています。生産性が低い要因としては，「おもてなし」という言葉の名目に過剰な品質を求め過ぎる，責任の所在を曖昧にするため無駄な会議が多いからといったことが挙げられています。そもそも日本は先進諸国の中で失業率が低いため，付加価値額を労働者の数で割るという計算方式では不利になるという意見もあります。例えばフランスは，失業率が日本より高いです。ある程度，選別されたスキルが高い人だけが労働市場の中にいるため，労働生産性が高くなるのは当然だというものです。

　上記の理由が該当する面もありますが，私はもう一つ別な大きな要因があると考えています。それは中小企業の生産性が大企業と比べて極めて低いというものです。労働生産性の指標である一人当たりの付加価値額は，大企業の場合，1996年から2016年の20年間で製造業，1,164万から1,320万円（13.4％向上），非製造業，1,228万円から1320万円（8.1％向上）と向上させています。一方，中小企業は，製造業601万円から582万円（3.2％），非製造業で610万から554万円（9.2％）と減っているのです。（平成29年10月発行　経済産業省発行「中小企業・小規模事業者の生産性向上について」）。一人当たりの付加価値額も中小企業は，大企業の約半分となっております。付加価値額が少ないということは，労働分配率による給料も少ないということになります。実際には，中小企業の月収は大企業の半分ということはありませんが，賞与や退職金を含めた生涯年収では6割位しか達しないケースも多いのではないでしょうか？　優秀な人材が大企業に集中し，ますます大企業のみ業績がアップし，中小企業の業績が伸び悩むという悪循環に陥ります。

第1章　生産性を向上させる3つのポイント

3. 中小企業が労働生産性を上げるための3つのポイント

　それでは中小企業が労働生産性を上げるためには，何をすればよいのでしょうか？

（1）社員教育の実施

　早急に取り組まなければならないのがIT化です。一般的に中小企業のITの導入は大企業に比べて遅れているからです。サーバーによるデータの共有化がされておらず，各自がローカルで作業をしている会社も依然としてあります。こうした会社では，企画書や見積書の雛形を利用しないので，著しく業務の効率が悪いといえます。しかしITの導入には，大きな障害があります。ITの導入できる人材がいないという問題です。昨今では，グーグルドライブやチャットメールなど廉価なツールもありますので費用面の問題をクリアできても，それを使いこなす人材がいなくてもどうにもままなりません。実際に私が社会保険労務士として，中小企業とお仕事をさせていただいたときに痛感したことは，申し訳ないですが，想像以上にITリテラシーやビジネスの基本スキルが低いということです。

　例えば，就業規則を改定する際など，元のデータを貰うのですが，WordではなくExcelで作られていることは多々あります。箇条書きが多い1ページものの文書は，Excelで作成したほうが作りやすいこともありますが，就業規則のようにまとまった分量がある文章を作成する際は，圧倒的にWordのほうが便利です。就業規則の改訂作業では，条文の追加と削除にともない，第○○条という見出しの数字がずれますが，スタイルを登録しておけば，○○条→○○条という目次の修正も「目次の更新」により自動的に対応してくれます。

17

こうしたITリテラシーの低さは，社員教育の機会が少ないことに起因します。大企業であれば，新入社員研修が充実しておりますし，機会に応じて研修プログラムなども用意されております。これに対して中小企業は，一部の業界や企業を除けばOJTが中心となります。実務に勝る教育方法はありませんが，最低限の座学は必要です。

(2) 社員のモチベーションアップと雇用の持続化

　次に必要なのは社員のモチベーションアップです。50代の働かない社員が問題となっている会社もありますが，大企業のほうが社員のモチベーションは高いものがあります。スターバックスコーヒーやオリエンタルランドなどアルバイトでも意識が高い企業があります（就職活動の面接時の高評価を狙ってのことでしょうが）。これに対して中小企業やごく一部のスタートアップ企業などを除き，モチベーションが高いとはいえない傾向があります。モチベーションアップの最適な方法は，昇給と公平な評価制度です。もちろん給料を上げることは大事ですが，仕事の成果に応じて適切な昇給がされる仕組み作りが肝要です。同時にせっかく育てたよい人材が辞めないように努めていく必要もあります。

(3) 業務の標準化

　中小企業では業務が属人化されている傾向があります。業務マニュアルなども作られていないため，業務を担当している人がいないと業務が回らなくなります。このような状況では，生産性を上げることは難しいでしょう。標準化をするためには，各スタッフが何をしているかを洗い出してみます。

　労働生産性という数字で日本の上にランクされているドイツ。ドイツも日本同様に中小企業が多い国ですが，大企業にそれほど劣らない労働

第1章　生産性を向上させる3つのポイント

生産性を維持しています。その秘訣として，業務の標準化ができていることが挙げられます。使用する道具や担当業務の進捗が明確になっていて，担当者が休んだりしても他のスタッフがフォローして影響がでないようにする仕組みが出来上がっています。

　企業の生産性がアップすれば，助成金の支給金額も増えていきます。助成金を原資に昇給や設備投資などに充てれば，よい循環が生まれます。

4. 生産性アップの施策の原資は助成金で確保する

　社員教育や昇給，評価制度の作成はいずれも費用がかかります。そうした費用は何処から捻出すればよいか頭を痛める経営者は多いと思われます。リーマンショック後の大不況から回復してきたといえ，まだまだ資金繰りに苦労されている社長さんは多いです。助成金の申請や派遣会社設立のため，中小企業の財務諸表を拝見することがあるのですが，最低賃金が高騰していることもあり，ほとんど利益が残っていない会社もあります。

　売り上げが増えれば問題は解決するでしょうが，簡単には新規の顧客は獲得できないでしょうし，仕事を増やせば新たに人を雇う必要もでてきます。そこで，中小企業にとって国の助成金を活用することが解決策となります。助成金の大半は，中小企業に対して金額が多く支給されます（中小企業のみを対象とした助成金もあります）。助成金は，銀行の融資と異なり返済不要のお金ですから，社会保険労務士の手数料以外，経費はかかりません。私が助成金の申請代行をしたある会社は，従業員が9人で年間の売り上げ6千万円，営業利益が4百万円という数字でした。年間で5百万円近くの助成金が支給されました。社会保険労務士の代行手数料や税金を差し引いたとしても，年間の営業利益と等しい金額を得ることができたのです。もし顧問先の企業から人事制度の整備について相談を受けたら，助成金の利用を提案してみましょう。ただし助成金は，申請してからお金が振り込まれるまで半年前後かかることがあるため，当面のお金を欲している企業には不向きです。その場合は，融資などの手段を紹介したほうがよいです。

第1章　生産性を向上させる3つのポイント

（1）助成金と補助金の違い

　「先生，なんかよい補助金知らない？」と事業主から言われた経験は
ありませんか？　助成金と補助金は同種のものであると考えている経営
者は多いですが，内容は異なります。それぞれ以下のような違いがあり
ます。

助成金

　主に厚生労働省が管轄し，企業が納める雇用保険を原資とします。雇
用保険の負担率は，農林水産，建設などを除く一般企業で総賃金の
1000分の9と言われていますが，1000/6は事業主，1000/3は労働者が
負担しています。要件を満たした申請内容であれば，原則受け取れま
す。

　厚生労働省関連の助成金は大きく分けて次の8つに分類されます。

　1. 労働者の雇用維持を図る助成金

　2. 離職する労働者の再就職支援を行う助成金

　3. 転職・再就職支援関係の助成金

　4. 雇入れ関係の助成金

　5. 労働者の雇用環境の整備を図る助成金

　6. 仕事と家庭の両立支援に取り組む助成金

　7. 労働者の職業能力の向上を図る助成金

　8. その他

　コンセプトは，雇用安定（無期雇用・正社員），能力開発（能力向
上・能力可視化），働き方改革です。今年度は，働き方改革に関連する
助成金が強化されています。

21

補助金

　経済産業省や中小企業庁の国庫を原資とするものです。審査通過者の数に限りがあるため，申請をしても，審査に通らなければ受け取れません。申請した企業の半分以下しか通過しない補助金もあります。作成する書類も多いですが，直近2年間で営業利益を出している。今後5年間，発展するという計画書を作るのが難しいです。代表的な補助金としては，ものづくり補助金や小規模事業者持続補助金，軽減税率対策補助金などがあります。社会保険労務士が代行申請することもできますが，売り上げや利益の数字を提示する必要があるので，税理士の協力がないと難しいかもしれません。

　中小企業の経営者の中には，助成金と補助金と混同している経営者も多いので，助成金についての提案をすると次のような回答が返ってくることがあります。

　「助成金？　あれ以前申色々と書類を作って申請したけど，審査に通らなかった。面倒なので2度とやらないことにしたよ」

　厚生労働省の助成金の申請代行は，社会保険労務士の独占業務です。一方，補助金の申請代行は，税理士や中小企業診断士，行政書士などの社会保険労務士以外の士業でも可能です。税理士の顧問関与率が9割を超えているのに対して，社会保険労務士の顧問関与率は，5割いくかどうかでしょう。この結果，税理士を通じて提案がある補助金のほうが認知度は高くなっています。助成金の提案をする際には，まずは補助金との違いを説明してあげたほうがよいです。失業率の改善により失業等給付が減ったため，近年，雇用保険事業は余裕があり助成金に回す資金も潤沢にあることを強調すると興味を示していただけると思われます。

第1章　生産性を向上させる3つのポイント

　ただし助成金は補助金よりは申請成功率が高いものの，雇用保険や労災保険に加入している必要があります。会社都合の退職があったり，残業代の未払いがあったりしますと不支給となる助成金もあります。「絶対に支給される」という言葉は使わないようにしましょう。さらに大半の助成金は，施策を実施する前に計画届を提出することが要件となっています。計画届の提出にも期限があります。

【助成金と補助金の違い】

	助成金	補助金
管轄官庁	厚生労働省等	経済産業省等
代行する士業	社会保険労務士の独占業務	特に指定なし （税理士，中小企業診断士等）
支給要件	申請要件を満たせば支給される	数が限定

(2) 助成金の共通申請要件
　・雇用保険の被保険者事業所になっていること
　・労働保険の滞納がないこと
　・要件を満たす場合には社会保険に加入していること
　・作成が義務付けられている書類が揃っていること

助成金申請の際に必要となる書類
　下記の書類は，大半の助成金の申請の際に提出を求められます。

【労働条件通知書または雇用契約書】
　会社側が労働者に通知するのが労働条件通知書。労働者との合意を前提としているのが雇用契約書です。労働条件通知書は，会社の印鑑と従業員の印が不要ですが雇用契約書は必要となります。

23

年　　月　　日

労働条件通知書

＿＿＿＿＿＿殿

事業場名称・所在地
使用者職氏名

契約期間	期間の定めなし，期間の定めあり（　年　月　日～　年　月　日） （注）
就業の場所	
従事すべき 業務の内容	●●に関する業務
始業，終業の 時刻，休憩時間， 就業時転	1.始業・終業の時刻等 　始業（　　時　　分）終業（　　時　　分） 2.休憩時間（　　　）分 3.所定時間外労働（有（1週　時間，1か月　時間，1年　時間），無）
休　日	・定例日：毎週　　曜日，国民の祝日，その他（　　　　　）
休　暇	1.年次有給休暇　6か月継続勤務した場合→　　日 継続勤務6か月以内の年次有給休暇　（有・無） →　　か月経過で　　日 2.その他の休暇　有給（　　　　）
賃　金	1.基本賃金　イ　月給（　　　　円）ハ　時間給（　　　　円） 2.賃金締切日（　　）―毎月　　日，（　　）―毎月　　日 3.賃金支払日（　　）―毎月　　日，（　　）―毎月　　日 4.賃金支払方法（　　） 5.昇給（時期等　　） 6.賞与（有（時期，金額等　　　），無） 7.退職金（有（時期，金額等　　　），無）
退職に関する事項	1.定年制（有（　歳），無） 2.自己都合退職の手続（退職する　　日以上前に届け出ること） 3.解雇の事由及び手続
その他	

　労働基準法で書面による明示が義務付けられているのは，下記の項目です。

24

第1章 生産性を向上させる3つのポイント

・労働契約の期間
・有期労働契約において更新する場合の基準
・就業の場所・従事する業務の内容
・始業・終業時刻，所定労働時間を超える労働の有無，休憩時間，休日，休憩，交代性勤務させる場合の就業時転換に関する事項
・賃金（退職手当および臨時に支払われる賃金を除く）の決定，計算，支払いの方法，支払いの事項
・退職に関する事項（解雇時由も含む）

　助成金申請に関して，必要な事項を満たしていないと不可となってしまいますので，まずは必須要件が入っているかを確認しましょう。正社員にも関わらず期間の定めありと記された労働条件通知書（雇用契約書）も見かけますので，注意しましょう。

【出勤簿またはタイムカード】
　出社日に○をつけているようなものは不可です。始業，終業時刻，休憩時間，残業時間が明確になっている必要があります。1年単位や1ヶ月単位の変形労働制を導入している場合は，シフト表の提出も求められることがあります。

【賃金台帳】
　基本給や各種手当のほか，時間外労働の時間数と残業代も記載します。30分または15分以下の残業を切り捨てている会社もありますが，これは違法です。

【就業規則と賃金規定】
　助成金の申請には必要とされることが多く，必要な条文の記載によっ

25

て申請の可否が決まる助成金もあります。就業規則の中に賃金についての詳細については，賃金規定（給与規定）に定めると記載されている場合，賃金規定（給与規定）の提出も求められます。就業規則は，単に作成するだけでは不十分で労働基準監督署に届け出をする必要があります。10人以下の会社で就業規則を届け出ていない場合は，申し立て書で代用します。

·············· **申し立て書のサンプル** ··············

○○労働局長　殿

　　　　　　　　所　　在　　地

　申請事業主　名　　　　　称

　　　　　　　　代表者役職氏名　　　　　　　　　　　㊞

　　　　労働組合等の

　　　　労働者代表者役職氏名　　　　　　　　　　　㊞

　キャリアアップ助成金正社員転換コースの支給申請に際して，当社就業規則等は，常時雇用する労働者が10人未満で労働基準監督署に届け出ていないため，当事業所内で全従業員に対しその周知が行われていること，また公正かつ適正に実施されていることを申し立てます。

　（当社就業規則等は，平成　　年　　月　　日より施行しております。）

··

　助成金の申請に強く興味を抱く30人以下の会社では，上記の書類が存在しない，あっても不十分なことが多々あります。まず助成金の代行申請の依頼がありましたら，上記4種類の書類があるかをチェックしましょう。不備が多い会社については，規定を整備して貰うことを条件として仕事を受注しましょう。

第1章　生産性を向上させる3つのポイント

　中小企業に該当するのは

中小企業に該当するかは下記の基準で判断されます。

	資本金の額・出資額	常時雇用する従業員の数
小売業（飲食店を含む）	5,000万以下	50人以下
サービス業	5,000万以下	100人以下
卸売業	1億円以下	100人以下
その他の業種	3億円以下	300人以下

（資本金の額・出資額 または 常時雇用する従業員の数）

　資本金の額か常時雇用する従業員の数のどちらかが該当すれば中小企業と判断されます。

　常時雇用する従業員には，雇用保険に加入しているパート社員も含まれます。週1回，2回20時間以下の社員は含まれません。

(3) 助成金の情報収集はどうする

　厚生労働省の助成金の情報源として最適なのは，厚生労働省のホームページです。"事業主の方のための雇用関係助成金"と検索をかければ助成金の一欄が表示されます。ただしWeb情報はある程度の予備知識がないと探しづらい面もあります。紙の情報と併用するとよいでしょう。

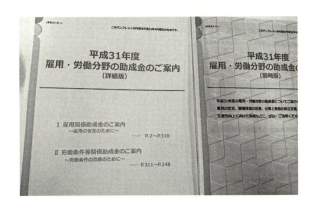

労働局やハローワークなどに助成金関連のパンフレットがあるので足を運んだ際に入手しましょう。お勧めなのは，「平成31年度雇用・労働分野の助成金のご案内（簡略版）というパンフレットです。厚生労働省関係の助成金の種類と助成金金額が一目で分かります。簡略版でない刷子タイプもありますが，こちらはボリュームがありますので，辞書代わりに使うのに適しています。一つの助成金の中に複数のコースが存在し，コースの中でも何種類かに分かれていることがあります。

【助成金の構造】
● キャリアアップ助成金 …… 1 正社員転換コース …… 正社員化
　　　　　　　　　　　　　　　　　　　　 …… 無期転換コース
　　　　　　　　　　　 …… 2 賃金規定共通化コース

　また助成金の内容は期初（4月）に大きく変わりますが，途中でも更新されることがありますので留意する必要があります。支給申請が締切られたりします。場合によっては，助成金自体が廃止されることもあります。

(4) 労働生産性向上の加算について

　2017年4月より労働関係の助成金を受給した企業が生産性の要件を満たした場合，助成金額が割増されるようになりました。詳細は次の章で説明しますが，概ね助成金の受給金額の20％前後がプラスされます。生産性要件を満たすためには，「助成金の支給申請を行う直近の会計年度における生産性がその3年前に比べて6％以上，伸びていることが必要です。この要件に関わる生産性は次の計算式で算出されます。

　付加価値額÷雇用保険被保険者数

第1章　生産性を向上させる3つのポイント

　付加価値額は,

　営業利益＋人件費＋減価償却費＋動産・不動産賃貸料＋租税公課

で計算されます。

　生産性の小数点以下四捨五入です。

　生産性の計算方式には,日銀方式と中小企業方式があると説明しました
が,ここでは日銀方式に準じた計算方法を採用しております。計算の
際に用いられる数字は,損益計算書に記載されている金額です。なお役
員の賞与は人件費に含まれません。中小企業では,節税などのために社
長の給与を敢えて低く抑えることがあり,公平な判断ができないからで
す。また派遣社員に支払った金額も含めないなど一般的な労働生産性の
計算方式と異なる面があります。

生産性の要件で必要な書類
　・生産性要件判定シート
　・直近と3年前の損益計算書等のコピー
　・直近と3年前の総勘定元帳等のコピー
　　（提出を必要としない労働局もあります）

　生産性の伸びが1％以上6％未満の場合は,取引先の金融機関から一
定の「事業性評価」を得ていれば,「与信取引等に関する情報提供に関
する承諾書」を労働局に提出することで「生産性要件」を認定されま
す。

　生産性の要件は,算定の対象となる期間中に事業主によって解雇（退
職勧奨も含む）があると該当しなくなるので注意が必要です。私が取り

29

扱った会社の中にも要件に該当したにも関わらず会社都合の退職によって申請ができなくなった会社がありました。また開業して間もないため，3年前の決算書がない場合や3年前の決算月の末日時点で雇用保険の加入者がない場合も生産性要件の対象となりません。

（5）生産性要件の加算がある助成金

2019年度，厚生労働者関連では，下記の助成金に生産性要件が加算されます。

助成金の種類	該当するコース
人材開発支援助成金	特別訓練コース，一般訓練コース，特別育成コース
両立支援助成金	全てのコース（出生両立支援コース，介護離職防止支援コース，児休業等支援コース，再雇用者評価処遇コース，女性活躍加速化コース
キャリアアップ助成金	全てのコース（正社員化コース，賃金規定等改訂コース，健康診断制度コース，諸手当制度共通化コース，選択適用拡大導入処遇改善コース，短時間労働時間延長コース）
労働移動支援助成金	移籍人材育成支援コース
地域雇用開発支援助成金	地域雇用開発コース
65歳超雇用	高年齢者雇用環境整備支援コース，高年齢者無期雇用転換コース
業務改善助成金	

（6）生産性の要件の計算は税理士の仕事？

他の社労士の話を聞くと，生産性要件に該当するかどうかは顧問先企業の税理士に任せているという方が多いようです。これは少し勿体ない話です。一般的に社会保険労務士は，問題社員の対応や就業規則の改訂など細部の問題に対応することはありますが，会社全体の売り上げや利益という面に関しては，関与する人が少ないように思われます。財務諸表の1つである損益計算書を入手することにより，その会社の業績の伸

第1章　生産性を向上させる3つのポイント

びが分かるからです。厚生労働省のホームページには，「生産性要件算定シート」がアップされています。エクセル形式ファイルのこのファイルをダウンロードすれば，計算式が設定されているので数字を転記・入力することにより，自動的に計算してくれます。

https://www.mhlw.go.jp/stf/seisakunitsuite/bunya/0000137393.html

　今後は，財務諸表の読み方が分かり経営的な指標が分かればコンサルの幅を広げることができるようになります。特に同一労働同一賃金の対策として賃金規定（退職金規定）を見直す際には，顧問先の企業が毎年どの位の原資を用意できるのかを，損益計算書や貸借対照表から把握する必要があるからです。総勘定元帳など税理士でなければ用意できない書類もありますが，社会保険労務士が生産性要件の仕組みを理解しておいて損することはありません。

31

共通要領様式第2号（2019.4）

【生産性要件算定シート】

生産性の算定対象となる企業名・支店名等		
申請事業所名	事業所番号	

項目	勘定科目	ABの3年前年度 （　　年度） Aの会計期間 年　月～　年　月	B直近年度 （　　年度） Bの会計期間 年　月～　年　月
①人件費	給料手当		
	賞与		
	通勤費		
	法定福利費		
	福利厚生費		
	（製）給料手当		
	（製）賞与		
	（製）通勤費		
	（製）法定福利費		
	（製）福利厚生費		
②減価償却費	減価償却費		
	（製）減価償却費		
③動産・不動産賃借料	地代家賃		
	賃借料		
	（製）地代家賃		
	（製）賃借料		
④租税公課	租税公課		
	（製）租税公課		
⑤営業利益	営業利益		
(1)付加価値〔=①～⑤計〕(円)			
(2)雇用保険被保険者数(人)			
(3)生産性〔=(1)/(2)〕(円)			
(4)生産性の伸び〔=((3)B-(3)A)/(3)A〕(%)			

(5) 生産性の向上に効果があっ た事業主の取り組み	

（注）裏面の留意事項をよくお読み下さい。助成金の申請に当たっては，①～⑤に相当する勘定科目の額が表示された損益計算書や総勘定元帳などの会計書類を添付して下さい。

第1章　生産性を向上させる3つのポイント

（7）都道府県独自の助成金

　厚生労働省とは，別に独自の助成金を用意している地方自治体があります。企業数が多く財政に余裕がある東京都は，豊富なラインナップを持っています。東京都に事業所がある会社が利用できます。登記上の本社が他の都道府県にあっても東京都の法人税・事業税を支払っていれば利用することができます。厚生労働省が，作成しているパンフレットには掲載されていないので，ホームページで確認するか担当部署を訪問して資料を入手する必要があります。

　一例として東京都の「働き方改革助成金」を紹介します。

東京都の働き方改革助成金

　助成金を申請するためには，「TOKYO働き方改革宣言企業」であり，次のいずれかに該当する必要があります。厚生労働省の助成金と併用もできます。

①働き方改革宣言奨励金の制度整備事業を実施していること。

②TOKYO働き方改革宣言企業の承認決定後3か月以内に，新たに奨励金の制度整備事業で対象とする制度整備を実施していること。

　新たに整備した制度において，計画期間中に助成要件を満たした利用実績があった場合に助成金が支給されます。

　1制度の利用について10万円（1企業あたり最大40万円）

33

【平成30年度に用意されていた制度】

名称	概要
フレックスタイム制度	計画期間中，すべての月で，月1回以上，従前の始業・終業時間と異なる出退勤をしている。
短時間正社員制度	週1回以上，連続2か月以上の短時間勤務を実施している。
テレワーク制度・ 在宅勤務制度	月4回以上連続2か月以上の利用がある。
勤務時間インターバル制度	インターバル時間が運用され，利用者がいる。

令和元年5月7日，現在で今年度の情報は，公表されていないので下記に問い合わせてください。

　［問い合わせ先］

　（公財）東京しごと財団雇用環境整備課　事業推進係

　TEL：03-5211-2396

第2章
社員教育と
継続雇用に有効な助成金

第1章では中小企業が生産性を上げるためには，社員教育が重要と
いうことを述べました。
この章では社員教育を実施することにより支給される助成金につい
て説明します。またせっかく，教育して育て上げた社員がすぐに退
職されたら意味がありませんので，継続雇用に有効な仕組み作る上
で利用できる助成金について紹介します。

1. 人材開発支援助成金──社員教育をサポート！

　人材開発支援助成金は，従業員に対して職務に関連した専門的な知識および技能の習得をさせるための職業訓練等を計画的に沿って実施した場合に，訓練経費や訓練期間中の賃金の一部を助成する制度です。2017年までは，正規労働者を対象としていましたが，2018年からはキャリアアップ助成金の人材育成コース，建設労働者等確保助成金，障害者職業能力開発助成金なども統合し，正規社員，有期社員ともに対象とする助成金となりました（コースにより制限あり）。

　人材開発支援助成金は下記の7つのコースに分かれています。

コース名	内容
特定訓練コース	・労働生産性の向上に係る訓練 ・雇用型訓練 ・若年労働者への訓練 ・グローバル人材育成の訓練
一般訓練コース	上記以外の訓練
教育訓練休暇付与コース	就業規則に有給の教育訓練休暇制度を定め，訓練休暇を自発的に取得させる
特別育成訓練コース	有期契約労働者等の人材育成に取り組んだ場合に助成される。下記のコースに分かれる ・一般職業訓練 ・有期実習型訓練 ・中小企業等担い手育成訓練
建設労働者認定訓練コース	中小建設事業主又は中小建設事業主団体（職業訓練法人など）が，職業能力開発促進法による認定職業訓練を行うこと
建設労働者技能実習コース	中小建設事業主が，雇用する建設労働者者（雇用保険被保険者に限る）に対して技能実習を受講させること
障害者職業能力支援コース	障害者の職業能力の開発・向上のために，対象障害者に対して障害者職業能力開発訓練事業を行うための施設または設備の設置・整備または更新を行う事業主および対象障害者に対して障害者職業能力開発訓練事業を行う事業主に対して助成する

36

第2章　社員教育と継続雇用に有効な助成金

　人材開発助成金以外の他の制度も同様ですが，1つの助成金の制度は，複数に分かれています。同じ名称の助成金でもコースによっては，対象者や支給要件が異なってきます。労働局や助成金の窓口に問い合わせるときは，助成金の名称だけでなく，その中の○○コースまで言いましょう。

　この中で最も助成金額が高く，費用対効果があるのは特定訓練コースです。2018年間の税制改正によって，中小企業の教育訓練費が対前年度比10％以上増加した場合，税額控除割合を15％から25％へとする上乗せする措置も設けられました。税制の優遇制度と合わせて利用できれば，コストをかけずに社員の教育訓練を行うことができます。

（1）特定訓練コース

　新入社員教育や中途社員教育を実施した場合に外部研修機関に支払った費用やその訓練に費やした時間当たりの費用を助成されます。さらに厚生労働大臣の認定を受けたOJT（適格な指導者の指導の下，企業の事業活動の中で行われる実務を通じた訓練）とOFF-JT（企業の事業活動と区別して行われる訓練）を組み合わせて実施するものもあります。訓練期間は長くなり，それに伴い申請に必要な書類が増えますが，その分，助成金も多額なものになります。

　特定訓練コースはさらに以下の7コースに分かれています。

　①労働生産性向上訓練
　②若年人材育成訓練
　③熟年技能育成・継承訓練
　④グローバル人材育成訓練
　⑤特定分野認定実習併用訓練
　⑥認定実習併用職業訓練

37

⑦中高年齢雇用型訓練

　本書では，⑥の認定実習併用訓練について紹介します。認定実習併用
職業訓練は，教育訓練機関で行われるOFF-JTと企業内で行われるOJT
を組み合わせて行うものです。座学を受講しつつ，実践も積んでいきま
すので新入社員や中途入社社員の研修に最適です。厚生労働大臣が認定
するものなので，計画届の前に大臣認定のための書類を提出する必要が
あります。

助成金額

　年間1事業所あたり最大1千万円。

支給対象となる訓練	賃金助成（*生産性要件を満たした場合）		経費助成		実施助成（1人1時間当たり）	
OFF-JT	760円（380円）	*960円（480円）	45%（30%）	60%（45%）	—	—
OJT	—		—		665円（380円）	840円（480円）

（　　）内は中小企業以外の助成額・助成率

【受給金額の一例】
新入社員の3名に6ヶ月間（週2日）の外部のIT研修を受講させた場合
の助成金支給額

OFF-JT　　300時間×760円=228,000円

OJT　　　　600時間×665円=399,000円

経費助成：40万円（講習費=80万円）

1,027,000円×3人=3,081,000円

　講習費の80万円を助成金で賄えるほか，20万円の差額を受け取れます。

第2章　社員教育と継続雇用に有効な助成金

対象となる事業主

・雇用保険適用事業所であること

・事業内職業能力開発計画やこれに基づく年間職業能力開発計画を作成しその計画の内容を労働者に周知していること

・職業能力開発推進者を選任していること

・支給対象経費を事業主が全額負担していること

対象となる訓練（特定訓練コース⑥認定実習併用職業訓練）

訓練対象者	次のいずれかに該当する15歳以上45歳未満の者の労働者） ・新たに雇い入れた雇用保険の被保険者（訓練開始日から2週間以内」 ・既に雇用している短時間等労働者であって，引き続き，同一の事業主において，通常の労働者に転換させた者
基本要件	企業内におけるOJTと教育訓練機関で行われるOFF-JTを効果的に組み合わせて実施する訓練であること。 ・実施期間が6カ月以上2年以下であること。 ・総訓練時間が1年当たりの時間数に換算して850時間以上であること。 ・総訓練時間に占めるOJTの割合が2割以上8割以下であること。 ・訓練修了後に評価シート（ジョブ・カード様式3-3-3-1号）により職業能力の評価を実施すること。

助成金受給までの主な流れ（認定実習の場合）

（1）準備

　・職業能力開発推進者の選任

　・事業内職業能力開発計画の策定

（2）大臣認定申請書類の提出

（3）都道府県労働局へ訓練計画の提出

39

・自社における訓練計画
・訓練開始日から起算して1ヶ月前までに「訓練計画届または訓練実施計画届」と必要書類を各都道府県へ提出する
（申請手続きは雇用保険適用事業所単位）

（4）訓練の実施
・訓練中の実施日報を記入することが求められる

（5）都道府県労働局へ支給申請の提出
・訓練終了日の翌日から起算して2ヶ月以内に「支給申請書」と必要書類を労働局に提出

　なおOFF-JTのみで実施する場合は，下記のような流れとなります。OFF-JTは，外部の研修機関に通うほか，自社内で社員が講師となって実施する形でも対象となります。ただし実務を行うスペースで実施しますと，研修でないと判断され支給対象外となる恐れもあります。

【認定実習以外の場合】
（1）前準備
・職業能力開発推進者の選任
・事業内職業能力開発計画の策定

（2）都道府県労働局へ訓練計画の提出
・自社における訓練計画
・訓練開始日から起算して1ヶ月前までに「訓練計画届または訓練実施計画届」と必要書類を各都道府県へ提出する。
（申請手続きは雇用保険適用事業所単位）

第2章　社員教育と継続雇用に有効な助成金

（3）訓練の実施
　・訓練中の実施日報を記入することが求められる

（4）都道府県労働局へ支給申請の提出

申請のポイント

　他の助成金も同様ですが，本助成金は提出書類が多く受講者の日報なども必要なため，事業主との密接な連携が不可欠です。また外部機関との協力体制も必要です。出席の押印や領収証の発行までをしてもらわなければならないからです。フェーズごとに必要な書類の記入方法を説明します。

① 前準備

　計画届の添付書類として事業内職業能力開発計画をつけなくてもよくなりました。ただしその後，提出を求められることもありますので用意しておきましょう。

● 職業能力開発推進者の選任

　職業能力開発推進者については，厚生労働省のホームページに下記のように記載されています。

　従業員のキャリア形成を支援し，個々の職業能力を存分に発揮してもらうことは企業の発展に不可欠な要素です。従業者の職業能力開発を計画的に企画・実行することが大切ですが，こうした取組を社内で積極的に推進するキーパーソンが「職業能力開発推進者」です。

社内のキーパーソンが就任するのが望ましいとされておりますので，役員や人事関連の役職者が適任です。

● 事業内職業能力開発計画

　企業の人材育成の基本的な方針等を記載する計画です。「事業内職業能力開発計画」は，個票1〜3の3種類の「個票」と教育体系から構成されています。

個票1　経営理念，経営方針に基づく人材育成（従業員のキャリア形成
　　　　支援）の基本的方針・目標

　経営理念，経営方針に基づく人材育成方針及び目標を記載します。

──────────────── 個票1サンプル ────────────────

■経営理念・経営方針

1. 我社のモットーは，誠実，信用，奉仕の精神です。
2. お客様満足度の向上につとめ，良質で安全な商品及びサービスを提供します。
3. 国内外の法令その他の規範を順守します。

■人材育成の基本方針・目標

　企業発展の基礎は人材にあるという理念に基づき，知識・技能・人格の向上を図り，得意先および社会に対して，優れた商品とサービスを提供し得る高いレベルの人材育成を基本方針とします。

　全社員を対象に，公平に能力開発に参加する機会を与え，社員一人一人の職業能力の向上と自己啓発の促進を図ります。

42

第2章　社員教育と継続雇用に有効な助成金

個票2　昇進昇格，人事考課等に関する事項

　昇進，昇格及び人事考課等の項目を明記します。

··· 　個票2サンプル　 ···

○従業員の配置に係る基本的な方針

　従業員の配置にあたっては，業務に必要な知識および技能，資質・経験を適正に評価し，適材適所に配置する。

　新入社員については，採用後3ヶ月程度の試用期間をおき，実質6ヶ月間程度の研修期間にOff-JT，OJTを中心にした教育訓練を実施した後，その技能進捗状況に基づき職場に配置する。

○従業員のキャリア形成に即した配置等雇用管理の具体的な内容

　1. キャリアアップに必要な教育訓練

　業務に必要な知識技能および資質の向上を図るため「手順書」または「業務マニュアル」を作成し，教育訓練を行う。

　2. 人事評価

　従業員個々の「人事評価表」により，職務遂行能力を評価すると共に，勤務成績，勤務態度，仕事に対する意欲，責任感を勘案して，人事評価を行う。

　なお，人事考課は翌年の教育訓練年間計画に活用する。

　3. 昇格・昇給

　昇格は人事評価を基に策定する。

　昇給に関しては原則年に一度全員に対し行うが，その際人事評価の結果を基本としながら，その他の状況も考慮して決定する。

··

43

【能力開発体系図】

株式会社○○○

職務分野	職務等	専門基礎（L1）	専門（L2）	高度専門（L3）	高度複合・統合（L4）
事務	総務・人事	A-1 新人基礎研修	A-2 専門職研修	A-3 上級専門職研修	A-4 管理職研修
		実務	実務・管理	運営・管理	全体管理
		文書作成	書類管理	事務処理の効率化	経営者との調整
		電話対応	社内規程管理	社内行事運営	情報化の推進
		来訪者の受付	採用実務	社員研修の運営	関連法規の管理
		採用活動	退職，解雇の手続き		人員配置の企画立案
		入社手続き	契約書作成の基本		
			給与実務，社会保険関係実務		
	経理	B-1 新人基礎研修	B-2 専門職研修	B-3 上級専門職研修	B-4 管理職研修
		実務	実務・管理	運営・管理	全体管理
		帳簿仕分け	会計方針に沿った会計処理	予算管理	年間予算の計画
		現預金取引の出納	債権債務の管理	税務管理	資産運用の計画
				原価管理	資金の管理
	商品調達	新人基礎研修	専門職研修	上級専門職研修	管理職研修
		実務	実務・管理	運営・管理	全体管理
		国内調達業務関する実務（補助）	在庫補充	在庫管理	年間計画
		海外調達業務関する実務（補助）	発注管理	原価管理	
				販売価格管理	
				価格交渉	
営業	営業	C-1 新人基礎研修	C-2 専門職研修	C-3 上級専門職研修	C-4 管理職研修
		実務	実務・管理	運営・管理	全体管理
		営業の基礎知識	契約書作成の基本	営業に関する資料作成	新規事業企画の策定
		営業活動	顧客管理	ライバル社評価分析に関する	次期営業企画の策定
		取扱商品の基礎知識	部下の指導	データ収集と整理	
				クレーム等対応	
	営業事務	新人基礎研修	専門職研修	上級専門職研修	管理職研修
		実務	実務・管理	運営・管理	全体管理
		営業の基礎知識	顧客管理	データ収集と整理	コールセンター運用管理
		伝票作成	データベースメンテナンス	クレーム等対応	
		取扱商品の基礎知識	スーパーバイザ		
		コールセンター対応			
技術職	情報システム管理	新人基礎研修	専門職研修	上級専門職研修	管理職研修
		実務	実務・管理	運営・管理	全体管理
		システム運用管理	システム運用管理	システム維持・改善	
		情報の収集と保存	セキュリティの設定	セキュリティ管理	
		システム保守情報の収集と保存	システム保守	システム改善提案	
			システム監査		
	商品開発	新人基礎研修	専門職研修	上級専門職研修	管理職研修
		実務	実務・管理	運営・管理	全体管理
		トレース	部品設計	試作・試験	開発計画
			図面管理	特許管理	
	品質管理物流管理	新人基礎研修	専門職研修	上級専門職研修	管理職研修
		実務	実務・管理	運営・管理	全体管理
		工具の取扱確認	設備・計測器の管理	安全衛生指導	製造委託先工程の管理
		商品検査	専門機器による検査	品質管理	ロジスティック戦略（3PL）
			検査報告書の作成		

第2章　社員教育と継続雇用に有効な助成金

········· **個票3サンプル** ·········

個票3　職務に必要な職業能力に関する事項（職能要件等）

　いわゆる「職業能力体系図」と呼ばれるもので，各職種・職務ごとに，労働者区分別に応じて会社においてどのような能力・技能を想定しているのかをまとめたものです。

○職務に必要な職業能力に関する事項

　別紙「能力開発体系図」により職務内容を明確化

○事業内における職務等に必要な職業能力の内容およびレベルの別紙「能力開発体系図」を参照

　Web上にもサンプルなどが掲載されていますが，丸写しではなく各企業の特徴と実体に合わせ修正しましょう。

··

②大臣認定

　計画届の1ヶ月前までに提出します。

【提出書類】

	書類名称	注意事項	事業主等の押印
1	実施計画認定申請書（様式7号）	記入漏れがないようにします。捨印を認めない労働局がありますので，必ず事前に確認しましょう。	必要
2	実践型人材養成システム実施計画		不要
3	教育訓練カリキュラム	半年間で425時間以上となるかを確認します。	不要
4	ジョブ・カード様式3-3-1-1職業能力証明		不要
5	提出書類の確認シート		不要

45

この中で作成が難しいのが，教育訓練カリキュラムです。教育訓練カリキュラムは，OFF-JTとOJTが時系列に沿って連携するように作成しなければなりません。

・・・・・・・・・・・・・・・・・・・・・・・・・・・・・ **実施計画認定申請書のサンプル** ・・・・・・・・・・・・・・・・・・・・・・・・・・・

様式第七号（第三十五条の五，第三十五条の八関係）（第1面）

認　　定

実施計画　申請書

変更認定

実施計画変更届出書

年　月　日

厚生労働大臣　　殿

　申請者　事業主の氏名又は名称　事業主の氏名又は名称　株式会社〇〇〇〇

　　（法人の場合）代表者の氏名　代表取締役　〇〇　〇〇　　　　　㊞

　　　　　　　　住　　　所　愛知県〇

　　　　　　　　電話番号：052-xxx-xxx

1. 職業能力開発促進法第26条の3第1項の認定を受けたいので，下記のとおり申請します。
2. ~~職業能力開発促進法第26条の4第1項の変更認定を受けたいので，下記のとおり申請します。~~
3. ~~職業能力開発促進法施行規則第35条の8第3項の軽微な変更について，下記のとおり届出をします。~~

第2章　社員教育と継続雇用に有効な助成金

記

第1　実習併用職業訓練の概要

（1）実習併用職業訓練の概要

　①実習併用職業訓練の期間

　　　平成31年4月1日　～平成31年9月30日

　②実習併用職業訓練を行う上で必要となる実習及び講習を実施する期間

　　　年　月　日　～　年　月　日

　③実習併用職業訓練並びにこれを行う上で必要となる実習及び講習の総時

　　間数

　　　○○○時間

（2）実習等の概要

　①実習等を実施する事業所の名称

　　　別紙のとおり

　②実習等を実施する事業所の所在地

　　　別紙のとおり

　③実習等を実施する事業所の電話番号

　　　別紙のとおり

様式第七号（第三十五条の五，第三十五条の八関係）（第2面）

　　④実習等の時間数

　　　ア）業務の遂行の課程内において行われる職業訓練の時間数：352時間

　　　イ）ア）を行う上で必要となる実習の時間数：

（3）座学等の概要

　①座学等を実施する教育訓練機関等の名称

　　　株式会社○○○

　④座学等を実施する教育訓練機関等の所在地

47

　　　　東京都品川区○○○○

　③座学等を実施する教育訓練機関等の電話番号

　④座学等の時間数

　　ア）職業能力開発促進法第十条の二第二項各号に掲げる職業訓練又は教
　　　育訓練の時間数：100時間

　　イ）ア）を行う上で必要となる実習及び講習の時間数：

第2　実習併用職業訓練の対象者（第3面に記載すること）

　　第3面のとおり←必ずこの記載が必要。

第3　職業能力の評価の方法

　　ジョブ・カード様式3-3-1-1（職業能力証明（訓練成果・実務成果）シー
　ト（企業実習・OJT用））により評価する。なお，「Ⅲ技能・技術に関する能
　力（2）専門的事項」は，厚生労働省「モデル評価シート」から作成した。
　←ジョブ・カードの引用元を記載します。

第4　訓練を担当する者

　（1）訓練を担当する者の氏名

　　　　○○○（総務部　総務課長）←部署名まで記入します。

　（2）連絡先電話番号

　　　　○○○-○○○-○○○

第5　備考

（注1）次の①から③までの書類を添付すること。

　①策定した実習併用職業訓練実施計画

　②実習併用職業訓練に係る教育訓練の教育課程又は職業訓練の訓練課程の内
　　容が確認できる書類

　③「第3　職業能力の評価の方法」の内容が確認できる書類

（注2）申請又は届出は，実習併用職業訓練の期間の始期の三十日前までにす
　　ること。

48

第2章　社員教育と継続雇用に有効な助成金

様式第七号（第三十五条の五，第三十五条の八関係）（第3面）

実習併用職業訓練の対象者の氏名	対象者の生年月日	実習併用職業訓練の期間の始期における対象者の年齢	対象者が新卒か否か	実習併用職業訓練の期間の始期において，対象者を期間の定めのない労働契約を締結する通常の労働者として雇い入れるか否か
	年　　月　　日生	歳	□　新　卒 □　新卒以外	□　通常の労働者 □　上記以外
	年　　月　　日生	歳	□　新　卒 □　新卒以外	□　通常の労働者 □　上記以外
	年　　月　　日生	歳	□　新　卒 □　新卒以外	□　通常の労働者 □　上記以外
	年　　月　　日生	歳	□　新　卒 □　新卒以外	□　通常の労働者 □　上記以外
	年　　月　　日生	歳	□　新　卒 □　新卒以外	□　通常の労働者 □　上記以外
	年　　月　　日生	歳	□　新　卒 □　新卒以外	□　通常の労働者 □　上記以外
	年　　月　　日生	歳	□　新　卒 □　新卒以外	□　通常の労働者 □　上記以外

　大臣認定の提出時に入社する社員が未定であれば，白紙で提出することもできます。

実践型人材養成システム実施計画のサンプル

実践型人材養成システム実施計画

1. 訓練コース名　Javaソフトウェア開発者養成コース
2. 訓練実施機関　実習等（OJT）：株式会社実践座学等（Off-JT）：ABCD株式会社
3. 座学等（Off-JT）訓練実施場所：←外部の研修機関の名称を記載します。

　※① 実施計画認定申請書（様式7号）の第1（3）②に記載した住所と実施場が異なる場合に記載する。

　※② 申請事業主の施設を利用する場合は，賃貸借契約書，誓約書の写し及び見取図を添付すること。

49

○○県○○市1-2-3

　　（株式会社実践の会議室を使用）

4. 訓練期間　平成31年4月1日〜平成31年9月30日

5. 訓練時間　900時間

　（うち，OJT：600時間，Off-JT：300時間）

6. 訓練の対象者数　1人

7. 教育訓練目標

　　システムインテグレーションのソフトウェア開発において，プログラミング，ソフトウエアテストができる能力を習得させ，これにより，将来，当社のソフトウェア開発部門の中核となる人材を育成する。

8. 教育訓練カリキュラム（教育訓練の教育課程又は職業訓練の訓練課程）

　　別添1のとおり。

9. 職業能力の評価の方法（ジョブ・カード様式3-3-1-1（職業能力証明（訓練成果・実務成果）シート（企業実習・OJT用）））により評価する。なお，「Ⅲ技能・技術に関する能力（2）専門的事項」は，独立行政法人高齢・障害・求職者雇用支援機構「日本版デュアルシステム訓練終了後の評価項目作成支援ツール」から作成した。←ジョブ・カードの引用元を記載します。

・・・・・・・・・・・・・・・・・・・・・・・・・　**教育訓練カリキュラムのサンプル**　・・・・・・・・・・・・・・・・・・・・・・・・・
（p.52参照）

　なお大臣認定の提出を社会保険労務士が行う場合には，申請書に代行印を押す欄がないため，委任状が必要です。委任状の形式は原則，自由ですが労働局によっては指定される文言などがあるため，確認したほうがよいです。

第2章　社員教育と継続雇用に有効な助成金

·········· 委任状のサンプル ··········

厚生労働大臣　殿

委 任 状

【提出代行者】

代行者住所	
代行者氏名	佐藤　敦規　　　　　㊞
代行者電話番号	

　上記の者を提出代行者とし，下記の権限を委任します。下記委任事項に対する貴所からの問い合わせについて，誠実に対応することを誓約いたします。

☑　実践型人材養成システムの実施計画認定申請書（様式7号）の労働局への
　　提出

平成31年1月30日

【委任者（事業者）】

委任者（事業者）所在地	
企業等の名称代表者職・氏名	㊞
委任者（事業者）電話番号	

51

教育訓練カリキュラム

Javaプログラマーコース

1.訓練コース名 2.実施時期	3.職務名	4.職務の内容	5.時間	6.実施時期	7.実技又は学科の別	及び教科名	8.教科の内容	9.時間	備考
○.4 (年.月)	プログラミング・サーバ管理実習	プログラミング・ネットワーク・Server(Linux)補助作業	35	○.7 (年.月)	学科	Windows基礎	OS等の基礎的知識・概論	6	対応するジョブカードの評価項目を記入します
					学科	コンピュータ概論	基本的なハードウェア・ソフトウェアの知識	6	
○.4~○.6	ネットワークプログラミング実習	ネットワークプログラミング開発補助作業	56	○.4	学科	Webシステム概論・試験	ネットワーク基礎(TCP/IP)・CGI・SSI等	12	
					学科	セキュリティ概論・試験	セキュリティの基礎的知識・概論	12	
実習等(OJT) 座学等(Off-JT)					学科	ネットワーク概論	ネットワークの基礎的知識・概論	42	
○.5~○.6	データベース設計実習	データベース開発補助作業	56	○.6~○.9	学科	データベース概論・試験	DBの基礎的知識・概論	12	
					実技	DB基本実技	基本的なSQLの実践・テーブル作成	18	
○.5~○.7	Web/Javaプログラミング実習	Eclipseエディタを使用したJSP/Servletプログラミング補助、Javaフレームワーク(Struts)構築補助作業、フレームワークを使用したシステム開発補助作業(主としてstruts)、EJB構築補助作業	163	○.6~○.9	学科	Java概論・試験	Javaの基礎的知識・概論	18	
					学科	オブジェクト指向概論	従来システムとオブジェクト指向の違い、オブジェクト指向の特徴	24	

実践型人材養成システムの内容

第2章　社員教育と継続雇用に有効な助成金

実践型人材養成システムの内容				
実習等（OJT）	プログラミング応用実習・品質管理実習	Web/Javaプログラミング開発単独作業	166	○0.6～0.9
	スケジュール工程管理・品質管理	作業計画の作成、作業工程管理表作成、テスト、品質管理	35	○0.5～0.9
	顧客管理実習	個人情報管理・顧客対応	14	○0.8～0.9
10. 実習等（OJT）小計			525時間	
座学等（OFF-JT）	実技　Java 基本実技	Javaの基礎知識：コンパイル、クラス、オブジェクト、メソッド等、Java言語仕様：構文、データ型、制御構造等、APIの解析利用方法、eclipseを使用した開発。アプリケーションの制作（簡易テキストエディタ、電卓）JAVAアプレット・JAVAサーブレット	100	○0.5～0.9
	実技　HTML 基本実技	文字・画像・リンク・テーブル・フレーム等	26	
	実技　XML 概論・試験。UML 基本実技	XMLを取り巻く各種技術等の概論。UML概論 設計	44	
	実技　XML 実技	XML概要・基本構文・XSLTレイアウト・高度なXSLT・DTD・XPath・XMLとDOM・WEBページ表示等 基本構文・XSLTレイアウト	22	
11. 座学等（OFF-JT）小計			342時間	
13. 実践型人材養成システム訓練時間合計時間			867時間	

12. 座学等（OFF-JT）実施機関

③ 計画届

【提出書類】

	書類名称	注意事項	事業主等の押印
1	人材開発支援助成金 （訓練実施計画届様式1号）	記入漏れがないようにします。従業員代表の印も必要です	必要
2	事前確認書 （訓練様式第12号）	今年から新規に追加された	必要
3	年間職業能力開発計画 （訓練様式第3号）	時間数が合っているかを確認します	不要
4	訓練別の対象者一覧 （訓練様式第4号）	雇用保険番号を記入	不要
5	登記簿謄本等 （会社の資本金が分かるもの）		―
6	対象労働者の雇用契約書	結んでいない場合は雛形でもよい	―
7	OJT訓練のカリキュラム	訓練参考様式第1号もしくは同様の項目を記載した任意形式	―
8	OFF-JTなどの訓練日やカリキュラムが分かる書類		―
9	外部訓練期間への申込書，契約書などのコピー		―
10	厚生労働省から交付された認定実習併用職業訓練の実施計画認定通知書		―

　計画届の中で最も重要なのは，OJT訓練のカリキュラムです。ここに記載されている訓練の日時と時間数，内容通りに訓練を実施することが求められるからです。原則として計画書の内容と逸脱した訓練を実施しても認められません。訓練開始前に詳細な計画を作成するのは難しいものがありますが，極力，実行可能な内容にしておく必要があります。

第2章　社員教育と継続雇用に有効な助成金

・・・・・・・・・・・・・・・・・・・・・・・・・・ **訓練様式第1号のサンプル** ・・・・・・・・・・・・・・・・・・・・・・・・・・

訓練様式第1号（第1面）(31.4.改正)

人材開発支援助成金（特定訓練コース・一般訓練コース）事業主訓練実施計画届

届出日　平成　　年　　月　　日

労働局長　殿

			〒		
事　業　主	所　在　地				
（出向元事業主）	名　　　称				
	代表者役職名				
	氏　　　名				㊞
	電　話　番　号				

			〒		
代　理　人	所　在　地				
	名　　　称				
	氏　　　名				㊞
	電　話　番　号				

			〒		
（提出代行者・	所　在　地				
事務代理者）	名　　　称				
社会保険労務士	氏　　　名				㊞
	電　話　番　号				

訓練の実施につき，年間職業能力開発計画（注）等を添付のうえ，次のとおり届けます。
(注)　特定分野認定実習併用職業訓練（企業連携型・事業主団体等連携型訓練）の場合は，出向先事業主又は事業主団体等と共同して作成したもの

1.事業所の名称					
2.事業所の所在地	（〒　　　　　）			電話番号　　　　　－　　　　　－	
3.雇用保険適用事業所番号			－　　　　　－		
4.労働保険番号			－　　　　　－		
5.企業の主たる事業	小売業（飲食店を含む）・サービス業・卸売業・その他（　　　）			6.産業分類	
7. (1) 企業の資本の額又は出資の総額　　　　万円 　 (2) 企業全体の常時雇用する労働者数　　　　人 　 (3) 企業規模　　　　大企業・中小企業			8.職業能力開発推進者名	役職 氏名	
9.特定分野認定実習併用職業訓練（企業連携型・事業主団体等連携型訓練）		□	10.東日本大震災復興対策による特例措置利用の有無		有　・　無
11.年間職業能力開発計画期間	平成31年4月1日から平成32年3月31日まで				
12.事業内職業能力開発計画の策定の有無	有・無のいずれかに○を付けてください。 　　有　　　　　　　　無				
13.事業内職業能力開発計画・年間職業能力開発計画の周知確認欄	事業内職業能力開発計画・年間職業能力開発計画が従業員に周知されていることを労働者を代表して証明します。 　労働者代表　氏　名　　　　　　　　　　㊞				
14.届出に関する担当者（代理人等の場合は代理人等）	所属		電話番号　　－　　－		
	氏名		Fax　　　　　－　　－		
			E-MAIL　　　　　＠		
15.ジョブカードセンターへ次の書類の写しを送付する。 　・様式第1号第1面または第3面 　・ジョブ・カード様式3-3（職業能力証明（訓練成果・実務成果）シート） 　□は　い（送付先　　　　センター） 　□いいえ					

55

【OJT訓練のカリキュラム】

　各労働局によって要求するレベル間はありますが，東京労働局では訓練場所や指導担当者も明記することが求められています。

日	開始・終了時刻	時間	職務名又は教科名	訓練場所	OJT担当者
7/2（月）	9：00〜16：00	6時間	プログラミング基礎	本社	佐藤
7/2（月）	9：00〜16：00	6時間	プログラミング基礎	本社	佐藤

　また既に提出した計画に新たな訓練コースの追加等の変更が生じた場合は，変更届を提出します。変更届は様式2号の変更届（事業主の押印が必要）と様式3号，変更した計画表等を提出します。

④訓練の実施

　訓練が始まったらその日のうちに日報（訓練様式第9-1号）を書いて貰うようにしましょう。日報の書き方に問題があると訓練が認められない恐れがあります。同じ内容の記載も避けてください。訓練生の「考案・感想」欄は，手書きで書かなければならないので時間もかかります。夏休みの宿題のように提出前，まとめて書くのはよろしくないです。半年以上に渡る研修の場合，計画届で提出した内容に沿って研修を行っているのかを確認する必要もあります。研修終了後に提出しても軌道修正できない恐れがあるので，途中何回かに分け確認したほうがよいです。参考まで普段，業務で使用している訓練様式第9-1号のチェックリストを掲載します。

第2章　社員教育と継続雇用に有効な助成金

【訓練様式第9-1号のチェックリスト】

	項目	確認方法	チェック
1	OJT計画表通りに訓練を実施しているか？	計画届時に提出したOJTカリキュラムと日時，実施した時間，内容が合致しているかを確認する。	☐
2	日報に記載した日に出勤しているか？（シフトなどのずれがないか）	日報に記載がある日に出勤となっているかをチェックする。シフト制の会社は要注意	☐
3	実施した内容の項目が合っているか？	計画届に提出したOJTカリキュラム（エクセルのデータ）と合致しているかを確認（OJTカリキュラムを提出していない会社は大臣認定時に提出した教育訓練カリキュラムの項目と確認する。	☐
4	実施した内容の項目と具体的な説明が一致しているか？	例：教科名が営業事務となっているのに客先で商談したというような内容となっているようなことがないか？	☐
5	大臣認定で提出した訓練カリキュラムのキーワードが含まれているか？	大臣認定の訓練カリキュラムを確認。極力，該当文言を入れるようにする。	☐
6	考察と感想が日々，同じになっていることがないか？	複数の人を同時に見比べ，同じ文言になっていないかをチェックする。	☐
7	考察や感想にNGキーワードが含まれていないか？	以下のような文言が含まれていないかを確認する。 ・一人で ・新人同士でのロープレ ・テキストを読んで自習	☐
8	実施した内容がある程度，具体的な記載となっているか？	■修正例 重要なことを教わった。 →何を教わったかを記載する 三つのポイントを学習した。 （三つがなにかを列挙する）	☐

57

⑤ 支給申請書類の提出

【提出書類】

	書類名称	注意事項	事業主等の押印
1	支給要件確認申立書 （共通要領様式第1号）	2019年4月より様式が変わりました。社会保険労務士の代行印を押すのを忘れないようにしましょう。支給要件確認申立書は，毎回，作成して提出する必用があります。	必要
2	支払方法・受取人住所届	用紙がPDFなので書き直すのに時間がかかります。	必要
3	人材開発助成金・支給申請書 （様式5号）	金額の計算漏れがないかを確認しましょう。捨印を空白部に置いて貰ったほうがよいです。	必要
4	賃金助成・OJT実施助成の内訳（訓練様式第6-1号）		不要
5	経費助成の内訳 （訓練様式第7-1号）		
6	OFF-JT実施状況報告書 （訓練事業主第8-1号）	受講した従業員の印はあるかを確認します。	必要 （訓練事業主の印も必要）
7	OJT実施状況報告書 （訓練様式第9-1号）	計画表通りに訓練が実施されているかを確認します。	必要
8	助成対象者毎のジョブカード 様式3-3-1-1		必要
9	事業主が訓練にかかる経費を全て負担していることを確認するための書類 （領収書，払い込み書）	受講人数が減った場合は，払い戻しの領収書も必要となることもあります。	―
10	訓練期間中受講者に賃金の支払いがされていることが分かる書類 （賃金台帳や給与明細書等）		―

第2章　社員教育と継続雇用に有効な助成金

11	訓練対象者の出勤が分かる書類 （出勤簿又はタイムシート）	訓練実施日との整合性が問われます。早退や遅刻がないかなどを確認しましょう。	―
12	雇用契約書		―
13	支給申請承諾書 （訓練実施者）		必要

　雇用保険の事業所単位で申請します。例えば，東京と大阪に事業所があってそれぞれに雇用保険番号が割り振られている場合は，それぞれ東京と大阪で申請を行います。

·········· **支給要件確認申立書（人材開発支援助成金）のサンプル** ··········
支給要件確認申立書（人材開発支援助成金）

事業主記載事項	※1 確認欄
1.法人名：○○○株式会社　　法人番号：	年　月　日確認 確認者＿＿＿＿＿＿
2.事業所名称：○○○	
3.雇用保険適用事業所番号：	
○事業活動等に係る状況（は　い・いいえのどちらかを○で囲んでください）（裏面の「記載にあたっての留意点」の内容を了解した上でご回答下さい。）	
4.平成31年3月31日以前に申請した雇用関係助成金について不正受給による不支給決定又は支給決定の取り消しを受けたことがあり，当該不支給決定日又は支給決定取消日から3年を経過していない。　　　　　（は　い・いいえ）	☐
5.平成31年4月1日以降に申請した雇用関係助成金について不正受給による不支給決定又は支給決定の取り消しを受けたことがあり，当該不支給決定日又は支給決定取消日から5年を経過していない。　　　　　（は　い・いいえ）	☐
6.平成31年4月1日以降に申請した雇用関係助成金について不正受給に関与した役員等がいる。　　（は　い・いいえ）	☐
7.支給申請日の属する年度の前年度より前のいずれかの保険年度における労働保険料の滞納がある。（は　い・いいえ）	☐

8.支給申請日の前日から起算して過去1年において，労働関係法令違反により送検処分を受けている。
(は　い・いいえ) □

9.風俗営業等関係事業主である。 (は　い・いいえ) □

10.①事業主若しくは事業主団体（以下「事業主等」という。）又は事業主等の役員等が，暴力団員による不当な行為の防止等に関する法律（平成3年法律第77号。以下「暴力団対策法」という。）第2条第2号に規定する暴力団又は第2条第6号に規定する暴力団員である。
(は　い・いいえ) □

②役員等が，自己，自社若しくは第三者の不正の利益を図る目的又は第三者に損害を加える目的をもって，暴力団又は暴力団員を利用するなどしている。
(は　い・いいえ) □

③役員等が，暴力団又は暴力団員に対して，資金等を供給し，又は便宜を供与するなど直接的あるいは積極的に暴力団の維持，運営に協力し，若しくは関与している。
(は　い・いいえ) □

④役員等が，暴力団又は暴力団員であることを知りながらこれを不当に利用するなどしている。
(は　い・いいえ) □

⑤役員等が，暴力団又は暴力団員と社会的に非難されるべき関係を有している。 (は　い・いいえ) □

11.事業主等又は事業主等の役員等が，破壊活動防止法第4条に規定する暴力主義的破壊活動を行った又は行う恐れがある団体等に属している。 (は　い・いいえ) □

12.倒産している。 (は　い・いいえ) □

13.雇用関係助成金について不正受給を理由に支給決定を取り消された場合，労働局が事業主名等を公表することに承諾する。 (は　い・いいえ) □

14.役員等の氏名，役職，性別及び生年月日が記載されている別紙「役員等一覧」及び役員等の氏名，役職が確認できる役員名簿等を添付している。 (は　い・いいえ) □

第2章　社員教育と継続雇用に有効な助成金

年　　月　　日

労働局長　殿（　公共職業安定所長）

　1から14までの記載事項については，いずれも相違ありません。また，1から14までの事業活動等又はその他の審査に必要な事項についての確認を労働局（安定所）が行う場合には協力します。

　また，本助成金に関し，偽りその他不正の行為等により本来受けることのできない助成金を受けた場合は，請求があった場合，直ちに請求金（※）を弁済します。

※請求金は，偽りその他不正の行為による場合は，①不正受給により返還を求められた額，②不正受給の日の翌日から納付の日まで，年5％の割合で算定した延滞金，③不正受給により返還を求められた額の20％に相当する額の合計額です。なお，偽りその他不正の行為以外の事由により本来受けることのできない助成金を受けた場合は，当該受け取った額です。

事業主　　　　住所＿＿＿＿＿＿＿＿＿＿　電話番号＿＿＿＿＿＿＿

　　　　　　　名称＿＿＿＿＿＿＿＿＿＿

　　　　　　　氏名＿＿＿＿＿＿＿＿＿＿（記名押印又は署名）㊞

代理人又は　　住所＿＿＿＿＿＿＿＿＿＿　電話番号＿＿＿＿＿＿＿

社会保険労務士　名称＿＿＿＿＿＿＿＿＿＿

（提出代行者・事
　務代理者の表示）　氏名＿＿＿＿＿＿＿＿＿＿（記名押印又は署名）㊞

※社会保険労務士が事業主の申請を代わって行う場合，上欄に事業主の記名押印又は署名を，下欄に社会保険労務士法施行規則第16条第2項又は同規則第16条の3の規定により記名押印をしてください。また，代理人が事業主の申請を代わって行う場合，上欄に助成金の支給に係る事業主の住所，名称

61

及び氏名の記入（押印不要）を，下欄に代理人の記名押印又は自署による署
名をしてください。

【社会保険労務士又は代理人記載欄】

※事業主等が直接申請する場合は記載不要です。

　本助成金に関し，審査に必要な事項についての確認を労働局（安定所）が行
う場合には協力します。

　また，本助成金に関し，偽りその他不正の行為により申請事業主等が，本来
受けることのできない助成金を受けた場合であって，不正受給に関与していた
場合（偽りその他不正の行為の指示やその事実を知りながら黙認していた場合
を含む。）は，①申請事業主等が負担すべき一切の債務について，申請事業主
等と連帯し，請求があった場合，直ちに請求金を弁済すべき義務を負うこと，
②社会保険労務士又は代理人に係る事務所（又は法人等）の名称，所在地，氏
名及び不正の内容が公表されること，③不支給とした日又は支給を取り消した
日から起算して5年間（取り消した日から起算して5年を経過した場合であっ
ても，請求金が納付されていない場合は，時効が完成している場合を除き，納
付日まで）は，雇用関係助成金に係る社会保険労務士が行う提出代行，事務代
理に基づく申請又は代理人が行う申請ができないことについて承諾します。

　　代理人又は　　　住所＿＿＿＿＿＿＿＿＿＿＿　電話番号＿＿＿＿＿＿＿

　社会保険労務士　　名称＿＿＿＿＿＿＿＿＿＿＿

　（提出代行者・事　　氏名＿＿＿＿＿＿＿＿＿＿＿（記名押印又は署名）㊞
　　務代理者の表示）

※社会保険労務士又は代理人が事業主の申請を代わって行う場合，社会保険労
　務士又は代理人の記名押印等をしてください。

第2章　社員教育と継続雇用に有効な助成金

（別　紙）

役員等一覧

法　　人　　名 _____

法　人　番　号 _____

事　業　所　名　称 _____

雇用保険適用事業所番号 _____

役員等名 （漢字）	役員等名 （カナ）	役職	性別	生年月日 （西暦）
				年　　月　　日
				年　　月　　日
				年　　月　　日
				年　　月　　日
				年　　月　　日
				年　　月　　日
				年　　月　　日
				年　　月　　日
				年　　月　　日
				年　　月　　日
				年　　月　　日
				年　　月　　日
				年　　月　　日

訓練様式第5号（第1面）（31.4改正）

人材開発支援助成金（特定訓練コース・一般訓練コース）事業主支給申請書
（通常分回・生産性割増分）

申請日　平成　　年　　月　　日

労働局長　殿
事　業　主　　所　在　地　　〒
　　　　　　　　名　　　称
　　　　　　　　代表者役職名
　　　　　　　　氏　　　名　　　　　　　　　　㊞
　　　　　　　　電　話　番　号

代　理　人　　所　在　地　　〒
　　　　　　　　名　　　称
　　　　　　　　氏　　　名　　　　　　　　　　㊞
　　　　　　　　電　話　番　号

（提出代行者・　所　在　地　　〒
　事務代理者）　名　　　称
社会保険労務士　氏　　　名　　　　　　　　　　㊞
　　　　　　　　電　話　番　号

別添申請額内訳及び必要書類を添付の上申請します。

1. 訓練実施計画届の受付番号				
2. 雇用保険適用事業所番号				
3. 事業所の名称				
4. 支給申請額	支給申請額　　　　　　　円			
5. 申請に関する担当者（代理人等の場合は代理人等）	氏名		電話番号	－　　　－
			Fax	－　　　－
	所属		E-MAIL	＠
6. 企業連携型・事業主団体等連携型訓練	□ ※該当する場合は第2面も記入すること			
7. 当該訓練について助成を受けた国・地方公共団体の助成金・奨励金・補助金等の申請・受給の有無　有の場合はその名称（　　　　　　　　）				有 ・ 無
8. 受講した職業訓練等の実施機関が訓練コースの助成対象となる事業主団体等の有無				有 ・ 無
9. 生産性要件に係る支給申請であるか（一般訓練コース）				はい・いいえ

● 生産性要件に係る支給申請の場合の添付書類

　①生産性要件算定シート（共通要領様式第2号）

　②①の算定の根拠となる証拠書類（損益計算書，総勘定元帳，確定申
　　告書Bの青色申告決算書や収支内訳書など）の写し

【生産性の加算について】

　人材開発支援助成金はコースによって生産性要件の比較方法が異なり
ます。

第2章　社員教育と継続雇用に有効な助成金

コース名	支給要件	支給期限
特定訓練コース 一般訓練コース ・長期教育訓練休暇制度	訓練開始日が属する会計年度の前年度の生産性とその3年後の会計年度の生産性を比べて6％以上伸びていること	訓練開始日が属する会計年度の前年度から3年後の会計年度の末日から起算して5ヶ月以内に割増し助成分のみ別途申請 例：2019年度開始の訓練の場合，2022年度末日の翌日から起算して5ヶ月
・教育訓練休暇制度	助成金の支給申請を行う直近の年度における生産性が下記のいずれかに当てはまる場合 ①その3年前に比べて6％以上伸びていること ②その3年前に比べて1％以上（6％未満）伸びていること	支給申請時

提案方法

　新入社員を2名以上採用している会社がターゲットとなります。中途採用社員も対象となりますが，複数名採用することは稀なので割りが合わないでしょう。この助成金は，計画届までに準備すべきことが多いので，1名だけの申請では採算がとれません。複数名の新入社員を採用するIT企業などが最も適しています。また他の助成金も同様ですが，本助成金は，提出する書類が多く，研修日報もしっかりと記入しなければならないので，契約を締結する際に各ポイントで，対応していただくことを丁寧に説明する必要があります。

　なお下記の講習や教育訓練は助成金の対象となりませんので留意してください。

　・職業，または職務に間接的に必要となる知識・技能を取得させるも

65

の（例：普通自動車免許取得のためのもの）

・職業，または職務の種類を問わず，職業人として共通して必要となるもの（例：接遇・マナー講習等社会人としての基礎的なスキルを取得させるための講習）

・趣味教養を身につけることを目的とするもの（日常程度の語学の習得を目的とするもの）

・通常の事業活動として遂行されることを目的とするもの（コンサルタントによる経営改善の指導，QCサークル活動等）

・法令等で講習等の実施が義務つけられており，事業主にとってもその講習を受講しなければ業務を実施できないもの（労働安全衛生法に基づく特別講習）

などです。

　不明点は，助成金窓口へ行き研修のパンフレットなどを確認してもらいましょう。

（2）特別育成訓練コース

　特別育成訓練コースは，有期労働者を対象とした訓練です。

・一般職業訓練
・有期実習型訓練
・中小企業等担い手育成訓練

の3種類があります。ここでは一般職業訓練について紹介します。

第2章　社員教育と継続雇用に有効な助成金

助成額

	OFF-JT	経費助成
中小企業	760円（960円）	100時間未満：10万円 200時間未満：20万円 200時間以上：30万円
大企業	475円（600円）	100時間未満：　7万円 200時間未満：15万円 200時間以上：20万円

OFF-JTであって次の1から4のすべてに該当する訓練

1. 1コース当たり1年以内の実施期間であること

2. 1コースあたり20時間以内の訓練時間数であること

3. 通信性の職業訓練（スクーリングがあるものであることを除く）でないこと

4. 次の①～③のいずれかに該当する訓練であること

① 公共職業能力開発施設，職業能力改亜初総合大学などの訓練実施事業主以外が設置する施設に委託して行う事業外訓練

② 都道府県知事から認定を受けた認定職業訓練

③ ①および②以外の事業内訓練であって，専修学校専門課程教員，職業訓練指導員免許所得者，またはこれらと同等以上の能力を有する者により実施される訓練。

【育児休業中訓練の場合の緩和措置】

育児休業中に訓練を実施する場合には，次のように条件が緩和されます。

2の訓練時間数については10時間以上となります。

通信制の訓練も可能（訓練終了時に訓練を受講することによって習得した職業能力の評価が行われるものであることに限る）

ただし労働者の自発的な申し出によることが要件です。

67

対象となる労働者

- 事業主に従来から雇用されている有期契約労働者または新たに雇いられた有期労働者
- 訓練を実施する事業主の事務所において，訓練の終了日または支給申請日に雇用保険の被保険者であること
- 支給申請日に離職していないこと
- 正規雇用労働者として雇用することを約束して雇いれられた者ではないこと

申請の流れ

1. 計画届の提出
   訓練開始の1ヶ月前までに提出

2. 訓練の開始

3. 支給申請
   訓練が終了してから2ヶ月以内に申請します。

申請のポイント

　日報の記入などがあるため，事業主との密接な連携が求められるのは，特定訓練コースと同様です。有期社員を対象とするため，雇用契約書や出勤簿などが作成してあるか事前に確認しましょう。

第2章　社員教育と継続雇用に有効な助成金

【計画届で提出する書類】

	書類名	注意事項	事業主の印等
1	人材開発支援助成金 （一般職業訓練計画届） （様式1-1号）	記入漏れがないこと	必要
2	職業訓練の実施内容を確認するための書類 （訓練カリキュラム等）		不要
3	訓練実施機関との委託契約書，見積書，リーフレット等		―
4	Off-JTの講師要件を確認する書類（Off-JTを申請事業主や申請事業主の従業員が実施する場合）	講師略歴書等。教える科目についての実務経験を詳細に記入してください	―
5	訓練期間中の対象労働者の労働条件通知書または雇用契約書等	訓練計画届の提出と同時に提出することができない場合は，訓練開始日の前日までに提出。なお，訓練開始日と雇入れ日が同日となる等，訓練開始日の前日までに提出することができない場合は，提出が可能となった後，速やかに提出してください。	―

【支給申請で必要な書類】

	書類名	注意事項	事業主の印等
1	人材開発支援助成金 （特別育成訓練コース） 支給申請書（様式第5号）	記入漏れがないこと	必要
2	支給要件確認申立書 （共通要領様式第1号）	最新の書式を使うこと	必要
3	訓練実施機関との委託契約書，見積書，リーフレット等	支払方法・受取人住所届（新規口座登録・変更の場合）	―
4	特別育成訓練コース内訳 （（様式第5号）（別添様式1））		―

69

5	賃金助成および実施助成の内訳 （株式第5号）（別添様式2）		不要
6	経費助成の内訳 （様式第5号（別添様式3-1））	提出が可能となった後，速やかに提出してください	
7	材開発支援助成金 （特別育成訓練コース） 訓練実施状況報告書 （様式第5号（別添様式4））	実施内容欄は，訓練カリキュラムと整合性があるかを確認します	必要
8	訓練期間中の出勤状況・出退勤時刻を確認するための書類 （出勤簿など）		―
9	対象労働者に対して訓練期間中の賃金が支払われていたことを確認するための書類 （賃金台帳など）		―
10	申請事業主が訓練にかかる経費を負担していることを確認するための書類		―
11	訓練を行う者が不正支給に関与していた場合に連帯債務を負うこと等についての承諾書 （株式第5号）（別添様式7）		必要

提案方法

　同一労働同一賃金のガイドラインでは，教育訓練についても正規労働者と有期雇用労働者に差があってはならないという指針があります。そうした強制力もさることながら，実際問題として人手不足を解消するため，外国人労働者や高齢者，専業主婦など多彩な労働者を雇用することが求められています。こうした人達をいち早く戦力化するためには，教育訓練が必要であること。教育訓練に必要な費用の負担を減らすことができることを提案してみましょう。

第2章　社員教育と継続雇用に有効な助成金

教育訓練に関連する助成金の申請代行は利益を出せるのか？　コラム

　人材開発支援助成金は，2017年（平成29年度）をもってセルフ・キャリアドック制度，技能検定合格報奨金制度といった制度導入コースが廃止されました。現在，残っているのは正規労働者，有期労働者，建設労働者への教育訓練コースが中心です。社会保険労務士の間では，「教育訓練関連の助成金は，手間ばかりかかって利益が出ないので辞めたほうがよい。不正受給があったので労働局の申請も厳しくなった」という声をよく聞きます。実際，人材開発支援助成金の教育訓練コースについては，顧問社労士がいる会社から依頼を受けることが多いです。他の助成金は，申請代行して貰っているが，この助成金については断られたのでやって欲しい，というものです。

　本助成金は日報のチェックなどもあるため，他の助成金よりも工数がかかります。また労働局（助成金窓口）の審査が厳しくなったのは事実です。しかし人材開発支援助成金の受注を避けてしまうのは，勿体ないです。新入社員研修のように毎年，定期的に申請代行を手伝える機会があるからです。一度，助成金の申請代行に成功しますと定期的に依頼がきます。しかも複数人の研修を実施すれば，1社あたり最大で一千万の金額となります。成功報酬を10％以上に設定すれば，100万以上の収入となるため，まとまった売り上げを確保できます。労働局（助成金窓口）の審査が厳しくなったのは，人材開発支援助成金に限ったことではありません。やるべきことをやっていれば，支給されます。

・助成金コンサルタント会社からの依頼は要検討

　ただし企業からではなく，助成金コンサルタント会社から依頼があった場合は，条件を確認してから引受けるようにしています。助成金コンサルタントとは，新入社員研修や階層別研修などの研修会社とタイプアップしたりしている企業や営業の代行会社です。人材開発支

71

援助成金を利用すれば，研修が無料になるとの唱い文句で事業主に営業をかけています。しかし雇用関係の助成金の代行申請は社会保険労務士の独占業務です。研修会社のスタッフだけでは，助成金の代行申請ができないため，社会保険労務士を下請けに使うことがあります。企業からの直接契約の場合と比較して，成功報酬金額は助成金支給額の5％程度と低く抑えられがちです。そして何よりも社会保険労務士の倫理規定に触れてしまう恐れがあります。特に開業したての社会保険労務士は，売り上げが少ないため研修会社の誘いに乗って，よいように使われている事例を目にします。研修会社からの依頼を受ける際には，紹介という形に留めてもらいます。研修を受講する会社から成功報酬を貰うという仕組みにする必要があります。

第2章　社員教育と継続雇用に有効な助成金

2. 両立支援等助成金
──男性の育児休暇の取得で社員満足度を向上！

　働き続けながら子の養育をする従業員の雇用継続を図るための助成制度です。男性が育児休業を取得した際，育児休業を取得した女性が職場に復帰できるようにした企業に支給されます。両立支援助成金は次の5つの制度に分けられます。

（1）出生両立支援コース

（2）介護離職防止支援コース

（3）育児休業等支援コース

（4）再雇用者評価処遇コース

（5）女性活躍加速化コース

　ここでは出生時両立支援コースの育児目的休暇制度について説明します。

（1）出生両立支援コース

　子の出生前6週間，出生後8週間以内に連続5日以上（大企業は連続14日以上）の休暇を父親が育児目的で休暇をとると助成される制度です。

> 助成金額

中小企業	28.5 万円（36万円）
中小企業以外	14.25万円（18万円）

※（　）は生産性の要件を満たした場合の支給額

73

> 申請の流れ

1. 育児休暇について就業規則等に規定
　育児・介護休業法2条1号に規定する育児休業の制度および育児のための短時間勤務制度（同法23条1項に規定する所定労働時間の短縮措置）について就業規則（労働協約）に規定します。

2. 一般事業主行動計画の策定・届出・公表

3. 男性労働者が育児休暇を取得しやすい職場風土作り

4. 社員が育児休暇を5日取得してから2ヶ月以内に支給申請

> 申請のポイント

　すでに特別休暇等の名称で就業規則に規定している場合は，一般事業主行動計画の提出のみで済みます。一般事業主行動計画とは，事業主が従業員の仕事と子育ての両立を図るための雇用環境の整備や，子育てをしていない従業員も含めた多様な労働条件の整備などに取り組むに当たって，①計画期間，②目標，③目標を達成するための対策の内容と実施時期を具体的に盛り込み策定するものです。一般事業主行動計画を策定したら，都道府県労働局長に届け出ます。同時に労働者に周知させます。

──────────── **一般事業主行動計画のサンプル** ────────────

　社員が仕事と子育てを両立させることができ，社員全員が働きやすい環境を作ることによって，すべての社員がその能力を十分に発揮できるようにするため，次のように行動計画を策定する。

第2章　社員教育と継続雇用に有効な助成金

1. 計画期間　平成　年　月　日〜平成　年　月　日までの　年間
2. 内容
　　目標1：産前産後休業や育児休業，育児休業給付，育休中の社会保険料免除
　　　　　　など制度の周知や情報提供を行う。
　　【対　策】
　　　●平成　年　月〜　法に基づく諸制度の調査
　　　●平成　年　月〜　制度に関するパンフレットを作成し社員に配布
　　目標2：育児休業等を取得しやすい環境作りのため，管理職の研修を行う。
　　【対　策】
　　　●平成　年　月〜　管理職へのアンケート調査による実態把握
　　　●平成　年　月〜　研修内容の検討
　　　●平成　年度〜　研修の実施

....

　男性が育児休暇を取得することに難色を示す管理職は，依然として多いと思われますのでその認識を変えるような教育を実施します。

　　・男性労働者の育児休暇取得についての管理職向けの研修の実施
　　・管理職による子が出生した男性労働者への育児休暇取得の勧奨

などが該当します。
　両立支援コースの中には，男性が育児休業で取得すると助成される制度もあります。57万円と助成金額は高いですが，令和元年度の助成金の予算案で確認できなかったため，今期末まで続くか未定です。

75

【支給申請の書類】

	書類名	注意事項	事業主の押印等
1	「両立支援等助成金（出生時両立支援コース（育児目的休暇））支給申請書」【出】様式第2号①②）の原本	記入漏れ，押印漏れがないこと	必要
2	支給要件確認申立書（共通要領様式第1号）	記入漏れがないこと	必要
3	就業規則並びに関連する労使協定	育児・介護休業法2条1号に規定する育児休業の制度および育児のための短時間勤務制度（同法23条1項に規定する所定労働時間の短縮装置）について	―
4	男性労働者が育児目的休暇を取得しやすい職場風土作りの取組の内容を証明する書類及び取組を行った日付が分かる書類		―
5	対象育児目的休暇取得者の育児目的休暇申出に係る書類及びその取得実績が確認できる書類（写）（例：育児目的休暇取得者の出勤簿またはタイムカード及び賃金台帳）		―
6	対象育児目的休暇取得者に当該休暇取得に係る子がいることを確認できる書類及び当該子の出生日または予定日が確認できる書類（写）	例母子健康手帳の子の出生を証明する該当部分，健康保険証（子が対象育児目的休暇取得者の被扶養者である場合）等）	―
7	公表及び周知が義務付けられる前に一般事業主行動計画が策定されている事業主については，自社のホームページの画面を印刷した書類等一般事業主行動計画の公表及び労働者への周知を行っていることを明らかにする書類	次世代育成支援対策推進法第15条の2に基づく認定を受けた事業主は省略できます。	―

第2章　社員教育と継続雇用に有効な助成金

●生産性要件に係る支給申請の場合の添付書類

①生産性要件算定シート（共通要領様式第2号）

②①の算定の根拠となる証拠書類（損益計算書，総勘定元帳，確定申告書Bの青色申告決算書や収支内訳書など）の写し

提案方法

　男性労働者の育児休暇を取得する制度を導入していることは，企業のイメージアップに繋がることを強調しましょう。また一般事業主行動計画を提出することにより，"くるみん"や"えるぼし"といった厚生労働省の両立支援認定マークの取得にも繋がることも加えるとよいです（行動計画を提出しただけでは取得できません）。なお一度育児休暇制度を設けると継続的に社員に取得させないといけないことも忘れずに説明しましょう。助成金の申請のみに使用するのは不可です。

くるみん （プラチナくるみん）	「子育てサポート企業」として，厚生労働大臣の認定を受けた証です。次世代育成支援対策推進法に基づき，一般事業主行動計画を策定した企業のうち，計画に定めた目標を達成し，一定の基準を満たした企業は，申請を行うことによって「子育てサポート企業」として，厚生労働大臣の認定（くるみん認定）を受けることができます。くるみん認定を既に受け，相当程度両立支援の制度の導入や利用が進み，高い水準の取組を行っている企業を評価しつつ，継続的な取組を促進するため，新たにプラチナくるみん認定がはじまりました。平成30年3月末時点で，195社が認定を受けています。
えるぼし	一般事業主行動計画の策定，届出を行った事業主のうち，女性の活躍推進に関する取組の実施状況等が優良な事業主は，都道府県労働局への申請により，厚生労働大臣の認定を受けることができます。 認定を受けた事業主は，厚生労働大臣が定める認定マーク「えるぼし」を商品や広告などに付すことができ，女性活躍推進事業主であることをPRすることができ，優秀な人材の確保や企業イメージの向上等につながることが期待できます。

77

3. 65歳超雇用助成金──生涯現役社会をサポート！

65歳超雇用助成金は，定年引上げや高年齢者の雇用環境の整備，高年齢の有期契約労働者の無期雇用への転換を行う事業主に対して支給されるものです。次の3コースで構成されています。

1. 65歳超継続雇用促進コース
2. 高年齢者評価制度等雇用管理改善コース
3. 高年齢者無期雇用転換コース

ここでは高年齢無期雇用転換コースについて紹介します。

（1）高年齢者無期雇用転換コース

50歳以上かつ定年年齢未満の有期契約労働者の無期雇用労働者への転換を実施した場合に受給することができます。65歳超雇用助成金の中で最も生産性の向上に繋がるのが高齢者無期雇用転換コースです。労働契約法の無期転換ルールにより，同一の使用者（企業）との間で，有期労働契約が5年を超えて更新された場合，契約社員，アルバイトなどからの申込みにより，無期労働契約（期間の定めのない労働契約）に転換しなければなくなりました。50歳を超える有期社員というと中心となるのは，子育てが一段落した主婦です。店舗や工場などで扶養控除の中で働いている人が多いと思われますが，老後の資金作りなどを見据えて，勤務時間を増やしたいと考える人もいます。そうした人達に対して5年を待たずに無期雇用に転換をすることを勧めます。無期雇用に転換することにより，会社の帰属意識が高まり，より戦力となってくれると思われます。

第2章 社員教育と継続雇用に有効な助成金

助成額

	助成金額
中小企業	48万円（60万円）
中小企業以外	38万円（48万円）

※（ ）は生産性の要件を満たした場合

1年間（4〜3月）で1事業所あたり10名まで申請できます。

支給要件

・無期雇用転換計画書を提出し，計画内容について認定を得ていること

・高年齢雇用推進者を選任していること

・高年齢者雇用管理に関する下記の措置を実施していること

 1. 作業施設，作業方法の改善

 2. 健康管理，安全衛生の配慮

 3. 職域の拡大

・計画書提出日から起算して1年前の日から支給申請日の前日までに高齢法第8条および第9条を遵守していること

・就業規則（労働協約）に有期契約労働者を無期雇用労働者に転換する制度を規定していること

・無期雇用転換日において，64歳未満の従業員であること

・65歳以上まで雇用する見込みがある事業主であること

・転換日前後6ヶ月以内に事業主都合により解雇等をしたことがない事業所

【高齢者雇用推進者とは】

　高齢法第11条及び高年齢者雇用安定法施行規則第5条に規定する，高年齢者雇用確保措置を推進するため，作業施設の改善その他の諸条件

79

の整備を図る等の業務を担当するために必要な知識や経験を有している者の中から選任された者をいいます。特に資格などを要しないので，人事・総務担当者の責任者などを選任すればよいです。

申請の流れ

1. 無期雇用転換計画の認定

2. 無期雇用転換計画の実施

3. 支給申請

無期転換してから6ヶ月後に提出します。

申請のポイント

　無期雇用計画の認定は，有期契約労働者を無期雇用労働者に転換する計画書を作成し，高齢・障害・求職者支援機構に提出して受けます。無期雇用転換は，(1)の無期雇用転換計画に基づき，当該無期雇用転換計画期間内に，雇用する50歳以上かつ定年年齢未満の有期契約労働者を無期雇用労働者に転換します（実施時期が明示され，かつ有期契約労働者として平成25年4月1日以降に締結された契約に係る期間が通算5年以内の者を無期雇用労働者に転換するものに限ります）

第2章　社員教育と継続雇用に有効な助成金

【支給申請に必要な書類】

	書類名	注意事項	事業主の押印等
1	支給申請書 （無期様式第7号）	記入漏れ，押印漏れがないこと	必要
2	対象労働者雇用状況等申立書 （無期様式第8号）	記入漏れがないこと 対象労働者の署名と印も必要	必要
3	対象労働者の転換前および転換後の労働条件通知書または雇用契約書の写し	転換前の6ヶ月を網羅していること。転換後は期間の定めがなしとなっていること	―
4	対象労働者の転換前6か月分と転換後6か月分の賃金台帳（賞与を支給している場合は賞与分も含む）		―
5	出勤簿，タイムカードの写し	転換前と転換後の6ヶ月	―
6	雇用保険被保険者資格取得等確認通知書	対象労働者　人分	―
7	無期雇用転換制度が確認できる規定	労働契約法の無期転換規定も入っていること（サンプル参照）	―
8	預金通帳等	事業所等名義の振り込み先が確認できるもの	

·········· 就業規則のサンプル ··········

（無期2年目以上のパート社員に対する登用条文）

（無期雇用パート社員への登用）

第○○条

　次の各号のすべてに該当する者を無期雇用契約社員の登用対象者とする。

1. パート社員で入社し，勤続1年目以上経過した者

2. 正社員と同じ労働時間，労働日数が継続して可能である者

3. 自ら無期雇用を希望し，意欲のある者

81

4. 健康で勤務に支障がない者

5. 無断欠勤がない者

6. 会社の指揮命令に従って，周囲との協調性があり，勤務態度が良好な者

7. 夏冬の評価査定において連続してB以上の者

　上記，1〜7には該当しないが，会社で業務上特別に必要と認めた者のなかから部門長が推薦し，幹部会で討議の上，決定する。

（勤続5年経過の無期雇用パート社員への転換）

1. 通算契約期間が継続して5年を超えるスタッフは，別に定める様式で申込むことにより，現在締結している有期労働契約の契約期間の末日の翌日から，期間の定めのない労働契約での雇用に転換することができる。

2. 1項の通算契約期間は，平成25年4月1日以降に開始又は更新した有期労働契約の契約期間を通算するものとし，現在締結している労働契約については，その末日までの期間とする。ただし，次項に定める労働契約が締結されていない期間（クーリング期間）がある場合については，それ以前の契約期間は通算契約期間に含めないものとする。

3. 前項における通算契約期間に含めない契約期間（クーリング期間）は，次のとおりとする。

カウントの対象となる 有期労働契約の契約期間	契約がない期間
2ヶ月以下	1ヶ月以上
2ヶ月超〜4ヶ月以下	2ヶ月以上
4ヶ月超〜6ヶ月以下	3ヶ月以上
6ヶ月超〜8ヶ月以下	4ヶ月以上
8ヶ月超〜10ヶ月以下	5ヶ月以上
10ヶ月超	6ヶ月以上

4. 無期雇用派遣スタッフへの転換後は，無期雇用派遣スタッフ用従業員就業

第2章　社員教育と継続雇用に有効な助成金

規則を適用する

就業規則に労働契約法の改正に伴う勤続5年の条文も入っているか確認してください。

提案方法

1年以上，雇用しているパート社員などの有期雇用社員がいるかを確認します。優秀な社員であれば，労働契約法の無期転換ルール（5年間）を待たずに無期雇用転換にしたほうが会社への帰属意識が上がり，生産性の向上に繋がることを強調します。

なお本助成金は，キャリアアップ助成金の正社員転換コース（有期から無期）とは，併給することができません。キャリアアップ助成金の支給金額は，一人あたり28万5千円のため，対象労働者が50歳以上である場合は，高年齢者無期雇用転換コースを勧めたほうがより助成額は大きくなります。さらにキャリアアップ助成金の正社員転換コースでは，必須要件であった5％の昇給要件がないのでより使いやすいと言えます。

注意点

提出先はハローワークの助成金窓口ではなく，独立法人高齢・障害・求職者支援機構です。支給申請書類は，キャリアアップ助成金の支給申請書類とほぼ同一ですが，キャリアアップ助成金申請の際に指摘されなかった事項に対して新たな指摘が入ることもあります。申請前には，窓口に直接足を運ぶなどして詳細を確認することをお勧めします。

83

第3章
社員のモチベーション アップに繋がる助成金

モチベーションアップに繋がる最適な方法は
賃上げと待遇改善です。
この章では賃上げによって支給される助成金
を紹介します。

1. キャリアアップ助成金
──有期社員の待遇改善で助成金が貰える

　厚生労働省関連の助成金の中では，最もポピュラーなものです。特に正社員化転換コースは，申請に携わったことはなくても，名前を聞いたことはある人は多いと思われます。実際，2019年度の助成金予算の1/3を占める割合となっております。キャリアアップ助成金は，パートや派遣労働者などの非正規労働者の待遇を改善するものです。ここでは正社員コース，賃金規定改訂コース，共通諸手当コース，健康診断コースについて紹介します。

対象となる事業主（全コース共通）

・雇用保険適用事業所の事業主。
・雇用保険適用事業所ごとに，対象労働者に対し，キャリアアップ管理者を置いていること。
・雇用保険適用事業所ごとに，対象労働者に対し，キャリアアップ計画を作成し，管轄労働局長の受給資格の認定を受けた事業主。
・キャリアアップ計画期間内にキャリアアップに取り組んだ事業主。

（1）正社員化コース

　有期雇用の社員を正社員に転換すると支給される助成金です。有期雇用社員として6ヶ月間働いた後，正社員に転換して5％の昇給を実施。6ヶ月間経過すると支給申請できます。正社員としては限定正社員や短時間正社員も含みます。

　また母子家庭や父子家庭の従業員を転換した場合は，9.5万円の加算があります。有期パート社員から無期のパート社員に転換した場合でも支給されます。一事業所あたり年間で20名まで申請できますので，対象顧問先を見つければ安定した収入源となります。

86

第3章　社員のモチベーションアップに繋がる助成金

助成金額

コース	金額
有期雇用→正社員	1人あたり57万円（42万5千円）
有期雇用→無期雇用	1人あたり28万5千円（36万円）
無期→正規	1人あたり28万5千円

対象となる従業員

・6ヶ月以上雇用されている有期契約社員であること。
・同一の業務で6ヶ月以上業務に従事している派遣労働者*。
　派遣先の企業で正社員化した場合に助成金がおります。
・正社員になることを約束して雇用されていないこと（有期契約時の雇用契約書に6ヶ月以後，正社員として雇用するといった文言が記載されていると不可となります）。
・正社員転換後の6ヶ月間で転換前6ヶ月と比べ5％の昇給を行っていること。
・有期雇用から3年以内の労働者であること。

　＊外国人労働者も要件を満たせば支給対象となりますが，外国人技能実習生は母国に帰国することを前提としているため，正社員に転換しても対象になりません。EAP受入人材として，看護師・介護福祉士試験合格前の者についても，在留期間に上限があることから，対象外です。
　＊事業主または取締役の3親等以内の親族（配偶者，3親等以内の血族または姻族）は対象外となります。

申請の流れ

1. キャリアアップ計画の作成・提出

2. 就業規則または労働協約に正社員制度を規定・届出

↓

3. 6ヶ月以上雇用している有期雇用社員・派遣社員を正社員化

↓

4. 転換後6ヶ月分の給与を支給後2ヶ月以内に支給申請

申請のポイント

　各ステップでやるべきことをしっかりと実施する必要があります。以下，ステップごとの注意事項について説明します。

① キャリアアップ計画書の提出

　キャリアアップ助成金を利用するためには，予めキャリアアップ計画書の提出が必要です。計画書を提出する前に正社員等に転換しても認められません。キャリアアップ計画書は，"申請様式のダウンロード（キャリアアップ助成金)"で検索をかけてください。

　https://www.mhlw.go.jp/stf/seisakunitsuite/bunya/0000118801.html

　キャリアアップ計画書は，雇用保険番号などを企業の情報を入力していきます。

　キャリアアップ管理者は，特に資格などを要しませんが，管理者などにその事業所に雇用されている方の中で，有期契約労働者等のキャリアアップに取り組む者として必要な知識及び経験を有していると認められる人であることが要件です。有期労働者をキャリアアップ管理者とすることもできますが，退社すると変更届を提出する必用があるので代表者や役員を選出するとよいでしょう。

88

第3章　社員のモチベーションアップに繋がる助成金

【提出書類】

	書類名	注意事項	事業主の押印等
1	キャリアアップ計画書（様式第1号　表紙・共通・計画）	記入漏れ，押印漏れがないこと	必要
2	就業規則　案		―

······················· サンプル1 ·······················

①キャリアアップ管理者情報	氏　名：佐藤○○		役職：人事課長
	配置日：31年2月1日		
②キャリアアップ管理者の業務内容	キャリアアップ計画の策定・実施 職業訓練企画運営・管理 制度の周知		

③キャリアアップ計画期間	平成31年4月1日～令和5年3月31日
④キャリアアップ計画期間中に講じる措置の項目 ※1　講じる措置の該当する番号に「○」をつけて下さい。 ※2　正社員化コース，諸手当制度共通化コースについては，（ ）内の該当するものを「○」で囲んで下さい。	①. 正社員化コース　　　　（令和元年10月頃実施予定） 　　（正規雇用等・勤務地限定正社員・職務限定正社員・短時間正社員） 2. 賃金規定等改定コース 　　　　　　　　　　　　（　　年　　　月頃実施予定） 3. 健康診断制度コース 　　　　　　　　　　　　（　　年　　　月頃実施予定） ④. 賃金規定等共通化コース 　　　　　　　　　（令和2年3月頃実施予定） ⑤. 諸手当制度共通化コース 　　　　　　　　　（令和2年3月頃実施予定） 　　（1賞与，2役職手当，3特殊作業手当・特殊勤務手当，4精皆勤手当，5食事手当，6単身赴任手当，7地域手当，8家族手当，9住宅手当，10時間外労働手当，11深夜・休日労働手当） 6. 選択的適用拡大導入時処遇改善コース 　　　　　　　　　　　　（　　年　　　月頃実施予定） 7. 短時間労働者労働時間延長コース 　　　　　　　　　　　　（　　年　　　月頃実施予定） 　　計画届なので可能性があるコースは，すべて○をつけたほうがよいでしょう。

89

(1) 対象者	〈正社員化コース〉〈短時間労働者労働時間延長コース〉 ・雇用して6か月以上の有期契約労働者等，派遣社員 〈賃金規定等共通化コース〉〈諸手当制度共通化コース〉 ・有期契約労働者等
(2) 目標	〈正社員化コース〉 ・対象者に対し，正規雇用，無期雇用及び短時間正 　社員への転換を図る。 〈賃金規定等改定コース〉 ・対象者に適用される賃金規定等の増額を行う。 〈賃金規定等共通化コース〉〈諸手当制度共通化コース〉 ・同一労働同一賃金に対応するため，共通の職務に 　応じた賃金規定等を導入し，基本給及び手当を共 　通化することにより待遇の均衡を図る。
(3) 目標を達成するた めに講じる措置	〈正社員化コース〉 ・転換の制度を就業規則等に規定し，面接試験を 　行ったうえで転換を判断する。 ・短時間正社員にかかわる制度を就業規則に規定 　し，転換を行う。 〈賃金規定等改定コース〉 ・賃金規定等を就業規則に規定したうえで基本給の 　2%以上の増額を行う。 〈賃金規定等共通化コース〉〈諸手当制度共通化コース〉 ・共通の職務の内容について調査し，基本給及び手 　当の見直しを行う。
(4) キャリアアップ計 画全体の流れ	〈正社員化コース〉 ・雇用転換の制度を就業規則に規定し，面接試験等 　を行い，正規雇用，無期雇用及び短時間正社員へ 　の転換を行う。 〈賃金規定等改定コース〉 ・賃金規定等を就業規則に規定したうえで増額を行 　い，処遇改善につなげる。 〈賃金規定等共通化コース〉〈諸手当制度共通化コース〉 ・就業規則および賃金規定を見直し，共通の職務に 　応じた賃金規定等を導入することにより，労働者 　間の待遇の均衡を図る。

第3章　社員のモチベーションアップに繋がる助成金

② 就業規則へ追記する記載

正社員への転換制度に関する条文がなければ追記する必要があります。

·················· （正社員への転換制度）のサンプル ··················

（正社員への転換）

第○○条

　会社は，6ヶ月以上勤続し社員への登用を希望する有期スタッフについては，次の要件のすべてを満たす場合，正社員として採用し，労働契約を締結するものとする。

1）1日8時間，1週40時間の勤務ができること

2）所属長の推薦があること

3）面接試験に合格したこと

2. 年次有給休暇の付与日数の算定において，有期スタッフとしての勤続年数を通算する。

3. 転換時期は随時とする。←随時とするといつでも正社員へ転換できる。

（派遣社員から正社員への採用）

　会社は，6ヶ月以上勤続し社員への登用を希望する派遣社員については，次の要件のすべてを満たす場合，正社員として採用することがある。

1）1日8時間，1週40時間の勤務ができること

2）所属長の推薦があること

3）面接試験に合格したこと

2. 年次有給休暇の付与日数の算定において，有期スタッフとしての勤続年数を通算する。

3. 転換時期は随時とする。←随時とするといつでも正社員へ転換できる。

就業規則の追記で留意しなければならないことは，正社員への転換の時期です。ここを4月1日とするとか，毎月1日とする時期を限定しますと，その通りに正社員転換しないと無効となってしまいます。中途採用のパート社員は，必ずしも月の初めに入社するわけではないので，随時としたほうが融通を利かすことができます。就業規則の変更は，計画届の提出と同じタイミングで行うほうがよいです。遅くとも，正社員転換の前に変更する必要があります。

③ 5％の昇給

　2018年4月以降の正社員転換者より要件として追加されました。5％の昇給の計算方法は下記のように算出します。

（転換後6か月賃金総額－転換前6か月賃金総額）/転換前6か月賃金総額
　× 100

　注意すべき点は，残業手当や通勤交通費などは，計算式の中に含まれないことです。パート社員のときは支給しなかった交通費も支給するようになったし，残業もするようになったのでトータルすると給料は増えているとしても認められません。固定残業代が含まれている場合はその金額を引いて基本給の部分のみで比較されます。パート社員のときは時間給でシフト出勤，正社員には月給制でフルタイム出勤といったケースはあるかと思いますが，この場合は正社員転換後の月額基本給部分を時間給に換算して比較します。さらに時給がパート社員時点よりも下がる場合は，申請が認められないときがあります。

【算定に含めることができない手当】
　・歩合給
　・精勤手当

第3章　社員のモチベーションアップに繋がる助成金

・固定残業手当

④ 支給申請

　正社員転換後に6ヶ月分（残業代も含む）の賃金を支給したら，支給申請ができるようになります。2ヶ月以内に申請しないと権利を失ってしまうので注意してください。申請先は顧問先の企業を管轄する公共職業安定所の助成金申請窓口です。

【支給申請に必要な書類】

	書類名	注意事項	事業主の押印等
1	キャリアアップ助成金支給申請書（様式第3号）	記入漏れ，押印漏れがないこと	必要
2	正社員化コース内訳（様式第3号別添様式1-1）	記入漏れがないこと	不要
3	正社員化コース対象労働者詳細（様式第3号別添様式1-2）	対象労働者欄の署名と押印に漏れがないこと（日付欄は転換又は直接雇用後6か月分の賃金を支給した日以降の日付であること）	必要（対象労働者の押印も必要となります。労働者の押印は三文判でよいです）
4	支給要件確認申立書（共通要領様式第1号）	様式は最新のものになっているか（古い形式のものですと受け付けられません）	必要
5	支払方法・受取人住所届（未登録の場合に限る）		必要
6	転換制度が規定されている労働協約または就業規則その他これに準ずるものの写し		―
7	対象労働者の転換前および転換後の労働条件通知書または雇用契約書の写し	転換前の6ヶ月を網羅していること。転換後は期間の定めがなしとなっていること	―
8	対象労働者の転換前6か月分と転換後6か月分の賃金台帳（賞与を支給している場合は賞与分も含む）	基本給と残業代等の手当の区分が明確になっていること	―

93

9	出勤簿，タイムカードの写し	転換前と転換後の6ヶ月。残業代について翌月支払うときは，その月の分までの賃金表と勤務表	—
10	賃金5%以上増額に係る計算書（賃金上昇要件確認ツール等）	賞与は含まれるが，通勤手当や残業手当などは含まない	—
11	登記事項証明書，資本の額又は出資の総額を記載した書類		—
12	キャリアアップ計画書（与）	表紙だけでなく全ページ必要	—

　その他，対象労働者に若者雇用促進法に基づく人や，母子家庭，父子家庭の人がいれば必要となる書類があります。

·················· キャリアアップ助成金支給申請書のサンプル ··················

キャリアアップ助成金支給申請書

標記について，次のとおり申請します。

①キャリアアップ計画書の受理番号	※計画書の受理番号を記入します。		
②事業所の名称	株式会社○○○		
③申請に関する当該事業所の担当者	所属：		電話番号：
	氏名：計画書で記入した管理者		FAX：
④主たる事業			
⑤企業規模（判断基準は裏面参照）	☑中小企業　　　　□大企業		
⑥企業の資本の額又は出資の総額	1,000万円		
⑦企業全体の常時雇用する労働者の数	人←雇用保険に加入している人数を記入します。		

⑧支給申請コース （該当する番号を〇で囲む）	1. 正社員化 2. 賃金規定等改定 3. 健康診断制度 4. 賃金規定等共通化 5. 諸手当制度共通化 6. 選択的適用拡大導入時処遇改善 7. 短時間労働者労働時間延長
⑨（今回の支給申請に係る対象労働者について）国又は地方公共団体の助成金・奨励金・補助金等の支給申請・受給の有無	有（名称：　　　　）・ ㊙無
⑩（⑧で正社員化を選択した場合のみ）若者雇用促進法に基づく認定事業主（ユースエール認定事業主）の認定の有無	有 ・ ㊙無
⑪生産性要件に係る支給申請であるか。 ※「生産性要件シート」用いて計算された結果，「生産性要件」を満たした場合，助成額が割増されます。詳しくはパンフレットをご覧ください。	☑はい ・ □いいえ

　対象労働者が母子（父子家庭）の場合は，下記の書類が必要となります。

　・児童扶養手当の支給を受けていることを証明する書類
　・子家庭の母等であることを証明する書類（市区町村長，社会福祉事務所長，民生委員等が証明する書類）

　対象労働者が外国人の場合は，在留資格や在留期間の確認が必要になりますので，在留カードの表裏のコピーを添付してください。

● 生産性要件に係る支給申請の場合の添付書類

　①生産性要件算定シート（共通要領様式第2号）

　②①の算定の根拠となる証拠書類（損益計算書，総勘定元帳，確定申
　　告書Bの青色申告決算書や収支内訳書など）の写し

申請の際の注意　会社都合の退職者を出さない

　キャリアアップ助成金の正社員転換コースは助成金の中でも，比較的
申請がしやすいです。出勤簿と賃金台帳，就業規則の記載さえ問題なけ
れば確実に支給まで辿りつけます。ただし計画書を提出してから申請ま
での期間が長いので会社都合の退職者を出さないようにしなければなり
ません（申請後に会社都合が発生しても支給されます）。顧問先の企業
の担当者に口頭で説明するだけでなく，書面などを渡して解雇が発生す
ると支給できなくなる旨を認識して貰いましょう。パート社員を解雇し
ても要件に当てはまらないという誤った認識を持っている経営者の方が
いますので注意を促す必要があります。また休職者がいる場合や有期労
働者を複数使用している場合も注意しなければなりません。就業規則の
休職規定に「休職した者が期間中に症状が回復しない場合は，解雇とす
る」という記載がありますと会社都合の退職となってしまいます。解雇
予告手当の支払いが必要となるほか，助成金も不支給となります（申請
時に会社都合が発生していることが分かると申請書類を受理して貰えま
せん）。したがって休職中に症状が回復しなかった場合は，退職とする
ことになると記載を変更します。

　なお「解雇」の中でも「懲戒解雇」に該当するものは，自己都合退職
扱いとなりますので不支給要件には該当しません。

【キャリアアップ助成金の解雇で不可になる期間】

　キャリアアップ助成金のパンフレットには下記のように記載されてい

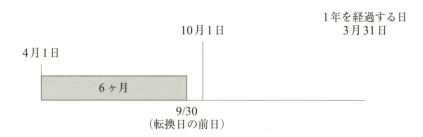

ます。
　当該転換日の前日から起算して6か月前の日から1年を経過する日までの間に，当該転換を行った適用事業所において，雇用保険被保険者を解雇など事業主の都合により離職させた事業主以外の者であること。
　この期間を図にすると下記の通りとなります。4月1日から3月31日の間に会社都合の離職があると申請不可となります。

　また有期社員の雇止めにも留意する必要があります。有期雇用の契約社員が契約期間の満了を待たずに解雇された，更新ありの契約だったが更新されなかった，3年以上働いたが更新されなかった場合は，"特定受給離職者"になります。特定受給離職者の数が全体の労働者の6％を超える場合や3人を超える場合は，申請が不可となります。
　さらに特定理由離職者としては，有期社員の雇止め以外にも下記のケースが該当します。

・労働契約の締結に際し明示された労働条件が事実と著しく相違したことにより離職した
・賃金が，当該労働者に支払われていた賃金に比べて85％未満に低下した（又は低下することとなった）ため離職した者（当該労働者が低下の事実について予見し得なかった場合に限る）

・事業主が労働者の職種転換等に際して，当該労働者の職業生活の継続のために必要な配慮を行っていないため離職した者

提案方法

　キャリアアップ助成金の正社員コースは，5％の昇給という要件が加わったため，パート社員（有期社員）を正社員に転換するとお金が貰えますというアプローチでは，経営者の心にささらなくなってきています。そこで角度を変え，「中途採用した社員が期待通りに働かなくて困ったことはありませんか?」という質問を投げかけるのも効果的です。中小企業では，採用に時間をかけることができません。短時間の面接だけでは，社員の潜在能力を図ることができません。いきなり正社員として雇用しないで半年間のお試し期間を設けてから判断しても遅くないと訴求します。

　採用に苦労している社長には，「派遣社員を正社員として採用してみませんか?」と提案しては如何でしょうか。派遣法に定められた雇用安定措置という施策により，派遣会社は派遣先の会社に1年以上同じ派遣先で働いている社員を直接雇用にして貰うように働きかけるようにすることが義務付けられています。また派遣社員を直接雇用に切り替えた場合は，28万5千円の加算がありますので大きな魅力となります。派遣で働いている社員を直接採用に切り替える際には，紹介手数料を派遣会社に支払わなくていけないケースもありますが，そうした費用を賄うことができます。

(2) 賃金規定等共通化コース

　派遣労働者や契約社員などの有期社員に関して，正規雇用の労働者と同じ内容の業務を行った場合に同一の賃金を支払うなど，正規雇用労働

者と同様の賃金規定等を有期雇用労働者に対して適用した事業主が受給できる助成金です。

受給額

	正規労働者と共通の職務等に応じた賃金規定等を新たに作成・適用	共通化した対象労働者 （2人目以降について加算）
中小企業	57万円（72万円）	2万円（2万4,000円）
中小企業以外	42万円7,500円	1万5,000円（1万8,000円）

※（　）は生産性の要件を満たした場合

対象となる賃金制度

・賃金規定等の区分を有期労働者等と正規労働者についてそれぞれ3区分以上設け，かつ有期契約労働者と正規労働者と同一の区分を2区分以上設け適用していること。

・同一区分における有期契約労働者等の基本給など職務の内容に関連して支払われる賃金あたりの額を，正規労働者と同等する。

・雇用する有期契約労働者と正規雇用労働者，全員に適用させていること

【賃金テーブル】

区分	正規雇用労働者	有期契約労働者
6等級	月給xx万円	
5等級	月給xx万円	
4等級	月給x万円	
3等級	月給24万円	1,500円
2等級	月給21万円	1,350円

【賃金テーブル等が適用されるための合理的条件】

区分	正規雇用労働者	有期雇用労働者
6等級	【上級管理職】 業務に関する高度な専門的知識	
5等級	【管理職】 業務に関する一般的な専門的知識・技能を有し，グループの短期・中期の目標の遂行を図るとともに下位等級者に的確な助言ができる。	
4等級	【初級リーダ】 業務に関する高度な実務知識，技能を有し，程度判断を要する業務を確実に遂行できるとともに，下位等級者に部分的な助言ができる。	【初級リーダ】 業務に関する高度な実務知識，技能を有し，程度判断を要する業務を確実遂行できるとともに，下位等級者に部分的な助言ができる。
3等級	【上級担当者】 業務に関する一般的な実務知識・技能を有し，ある程度判断力がある業務を，確実に遂行できる。	【上級担当者】 業務に関する一般的な実務知識・技能を有し，ある程度判断力がある業務を，確実に遂行できる

　正規労働者の月給と時給換算し，有期契約労働者等の時給と比較した結果，有期社員の時給が同等以上となっている必要があります。

申請の流れ

1. キャリアアップ計画の作成と提出
　賃金規定共通化以外のコースで提出済の場合は，変更届を提出します。

2. 従業規則・有期社員の就業規則・賃金規定を変更

3. 賃金規定共通後の雇用契約書や労働条件通知書を対象社員に交付

4. 新賃金制度を導入してから6ヶ月以上経過後に申請

第3章 社員のモチベーションアップに繋がる助成金

【申請書類】

	書類名	注意事項	事業主の押印等
1	キャリアアップ助成金支給申請書（様式第3号）	記入漏れ，押印漏れがないこと	必要
2	正社員化コース内訳（様式第3号別添様式4）	記入漏れがないこと	不要
3	支給要件確認申立書（共通要領様式第1号）	様式は最新のもの	必要
4	支払方法・受取人住所届（未登録の場合に限る		必要
5	有期契約労働者等と正規雇用労働者が賃金規定等の適用を受けていることを証明する労働者名簿等（労働者ごとに賃金の賃金規定等の区分が確認できるもの）		―
6	対象労働者の転換前および転換後の労働条件通知書または雇用契約書の写し		―
7	同一区分の労働者の賃金台帳	賃金規定の共通化の賃金の算定となる初日の前日から過去3ヶ月分および賃金規定等賃金の算定となる初日から6ヶ月。	―
8	同一区分の労働者の出勤簿またはタイムカードの写し	賃金規定の共通化の賃金の算定となる初日の前日から過去3ヶ月分および賃金規定等賃金の算定となる初日から6ヶ月。	―
9	登記事項証明書，資本の額又は出資の総額を記載した書類		―
10	就業規則または賃金規定		―

● 生産性要件に係る支給申請の場合の添付書類

　①生産性要件算定シート（共通要領様式第2号）

　②①の算定の根拠となる証拠書類（損益計算書，総勘定元帳，確定申
　　告書Bの青色申告決算書や収支内訳書など）の写し

101

············ **就業規則等への規定例** ············

第○条（賃金）

　会社は社員およびパート社員の賃金を別表「賃金テーブル規定」の通り定める。

第○条（賃金テーブルへの格付け）

　会社は，社員およびパート社員の能力および経験等に基づき，各等級に格付けする。

第○条（昇格）

　昇格は，人事考課の査定ランクが○回連続で○評価になった場合で，かつ，上位等級に相当する能力を有する会社が判断した者について，原則毎年○月に行う。

第○条（降格）

　降格は，人事考課の査定ランクが○回連続で○評価になった場合で，かつ，上位等級に相当する能力を有する会社が判断した者について，原則毎年○月に行う。

············

提案方法

　正社員と同一の職務を担っていても雇用形態の違いだけで給与に差がついてしまっている有期雇用社員がいる場合に提案できます。製造現場や小売業の店舗などは検討対象になるのではないでしょうか？　ただし賃金規定や評価制度の改訂・導入には時間を要するので前倒しのスケジュールで提案する必要があります。

102

第3章　社員のモチベーションアップに繋がる助成金

(3) 共通諸手当制度

　共通諸手当制度は，有期社員の賃金体系に正社員と同様な手当を導入した場合に支給されます。

助成額

	正規労働者と共通する諸手当制度を新たに設定・適用	共通化した諸手当（2つ目以降）についての加算
中小企業	38万円（48万円）	16万円（19万2,000円）
中小企業以外	28万5,000円（36万円）	12万円（14万4,000円）

（　）は生産性の要件を満たした場合
共通化した対象労働者（2人目以降）について2人目以降，1万5千円の加算あり

対象となる手当と金額

・手当：役職手当，特殊作業手当，精勤手当，食事手当，家族手当など
　　＊通勤手当は対象となりません。
・金額：1ヶ月：3,000円以上
　　＊賞与も対象となりますが，5万円以上支給する必要があります。

申請の流れ

1. キャリアアップ計画の作成と提出
　諸手当制度以外のコースで提出済の場合は，変更届を提出します。

　　⬇

2. パート社員用の就業規則・賃金規定に諸手当制度を追加

　　⬇

3. 諸手当制度を導入（制度導入前に3ヶ月以上勤務した有期労働者がいることが必要です。

　　⬇

4. 諸手当制度を導入してから6ヶ月以上経過後に申請

103

【支給申請に必要な書類】

	書類名	注意事項	事業主の押印等
1	キャリアアップ助成金支給申請書（様式第1号）	記入漏れ，押印漏れがないこと	必要
2	正社員化コース内訳（様式第3号別添様式5）	記入漏れがないこと	不要
3	支給要件確認申立書（共通要領様式第1号）	用紙は最新のもの	必要
4	支払方法・受取人住所届（未登録の場合に限る）		必要
5	諸手当制度が規定されている労働協約または就業規則および諸手当制度が規定される前の就業規則		―
6	対象となる有期労働者と正規労働者一名の雇用契約書等		―
7	対象となる有期労働者との正規社員1名の賃金台帳（手当導入前の3か月分と導入後の6か月分）	共通化した諸手当が払われていることが分かるもの	―
9	対象となる有期労働者と正規労働者一名の労働者の出勤簿またはタイムカードの写し	諸手当制度の共通化の賃金の算定となる初日の前日から過去3ヶ月分および賃金規定等賃金の算定となる初日から6ヶ月	―
10	登記事項証明書，資本の額又は出資の総額を記載した書類等		―

● 生産性要件に係る支給申請の場合の添付書類

　①生産性要件算定シート（共通要領様式第2号）

　②①の算定の根拠となる証拠書類（損益計算書，総勘定元帳，確定申告書Bの青色申告決算書や収支内訳書など）の写し

第3章　社員のモチベーションアップに繋がる助成金

提案方法

　同一労働同一賃金のガイドラインの中で，正社員と非正規社員との間で正当な理由なく手当の差を設けてはならないことになっています。有期労働者に対する労働条件が不当であったとして争われたハマキョウレックス事件（最高裁二小，平成30年6月1日判決）では，給食手当，通勤手当等の諸手当が正社員に支給され，契約社員に支給されないことについては不合理であると判断されています。こうした判例について説明しながら提案すると経営者も興味を示してくれます。また有期労働者にも正社員と同様に賞与や手当を支給することは，モチベーションアップと帰属意識を高めることも加えるとよいでしょう。

（4）健康診断コース

　有期雇用の従業員に対して，法定外の健康診断を新設・導入した事業主が受給できる助成金です。従業員の健康管理の強化を通じて，キャリアアップに繋げることを目的しています。法定外の健康診断とは，正社員よりも短い勤務時間で働いているアルバイト等に「雇入時の健康診断」，「定期健康診断」実施を行うことです。あるいは正社員ではないアルバイト等に，人間ドックや生活習慣病予防検診（ガン検診や歯周病等の健診等）実施を行います。

助成額

中小企業	38万円（48万円）
中小企業以外	28万5,000円（36万円）

受給要件

（1）有期契約労働者等を対象とする，各種健康診断制度を労働協約又は就業規則に規定した事業主

105

(2) 雇用する有期契約労働者等延べ4人以上に実施した事業主
(3) 規定した健康診断制度等を継続して運用している事業主
(4) 実施した健康診断等の費用の全額負担する事業主
(5) 実施した健康診断等の費用を半額以上負担する事業主
(6) 健康診断制度を実施するにあたり，実施要件がある場合には，労働協約または就業規則に規定している事業主
　　※週の所定労働時間が30時間以上の場合は，法令上健康診断の受診義務があるので，助成金の対象となりません。

　申請の流れ
1. キャリアアップ計画の作成と提出
　健康診断以外のコースで提出済の場合は，変更届を提出します。

2. 就業規則または労働協約に健康診断制度を規定

3. 健康診断を延べ4人以上に実施

4. 申請
　4人以上に健康診断を実施した日を含む月の賃金を支給した日の翌日から2ヶ月以内に支給申請
(例) 4月15日に4人目の健康診断を実施
　　　5月25日に4月分の給料支払う
　　　7月25日までに支払う

　申請のポイント
　雇入時健康診断とは，労働安全衛生規則第43条に規定された常時使用する労働者に対して行う健康診断です。定期健康診断とは，労働安全

衛生規則第44条に規定された，常時使用する労働者に対して行う健康診断です。

·········· **就業規則の規定例** ··········

第○条（健康診断）

　会社は，契約社員およびパートタイマーに対して，次の健康診断を行う。

①雇入時の健康診断

②定期健康診断

③人間ドック

2. 前項に係る健康診断の費用は，会社が負担する。

　健康診断の対象となる有期契約社員について「40歳以上に限る」などの制限を設けると不合理であると判断され申請の対象となりません。就業規則に追記する際には，注意してください。

【提出書類】

	書類名	注意事項	事業主の押印等
1	キャリアアップ助成金支給申請書 （様式第1号）	記入漏れ，押印漏れがないこと	必要
2	正社員化コース内訳 （様式第3号別添様式3）	記入漏れがないこと	不要
3	支給要件確認申立書 （共通要領様式第1号）	用紙は最新のもの	必要
4	支払方法・受取人住所届 （未登録の場合に限る）		必要
5	管轄労働局の認定を受けたキャリアアップ計画書		―
6	対象有期労働者の雇用契約書		―

7	対象となる有期労働者の賃金台帳（対象労働者の健康診断実施日を含む月分）		—
8	対象となる有期労働者が健康診断を実施したことが分かる書類（実施機関の領収書や健康診断結果等）		—
9	健康診断制度が記載されている就業規則等		—
10	登記事項証明書，資本の額又は出資の総額を記載した書類等……資本の額又は出資の総額により中小企業事業主に該当する場合		—

●生産性要件に係る支給申請の場合の添付書類

①生産性要件算定シート（共通要領様式第2号）

②①の算定の根拠となる証拠書類（損益計算書，総勘定元帳，確定申告書Bの青色申告決算書や収支内訳書など）の写し

(提案方法)

　キャリアアップ助成金の正社員転換コースを利用した後，「なにか使える助成金がない?」と社長から聞かれた際に提案するとよいでしょう。4名に健康診断を受診させれば申請できるので，比較的，低い負担で申請ができます。キャリアアップ助成金には，本書で紹介した他にも賃金アップコースがあるのですが，賃金アップとなると企業の負担も大きくなるので二の足を踏む経営者は多いです。さらに有期契約労働者に対して健康管理のための仕組み作りを行うことで，健康リスク対策や業務効率の向上も期待できます。ただし有期労働者の数が多い会社は，その分負担も大きいので向いていません。

第3章　社員のモチベーションアップに繋がる助成金

2. 業務改善支援助成金
──最低賃金の引き上げで求人の確保

　業務改善助成金は，中小企業・小規模事業者の生産性向上を支援し，事業場内で最も低い賃金（事業場内最低賃金）の引上げを図るための制度です。生産性向上のための設備投資やサービスの利用などを行い，事業場内最低賃金を一定額以上引き上げた場合，その設備投資などにかかった費用の一部を助成します。

助成額

コース	引き上げる労働者数	助成上限額	助成率	対象事業場
30円コース（800円未満）	1～3人	50万円	4/5 生産性要件を満たした場合は9/10	最低賃金800円未満の事業場かつ事業場内最低賃金と地域別最低賃金の差額が30円以内及び30人以下の事業場
	4～6人	70万円		
	7人以上	100万円		
30円コース	1～3人	50万円	3/4 生産性要件を満たした場合は4/5	事業場内最低賃金と地域別最低賃金の差額が30円以内及び30人以下の事業場
	4～6人	70万円		
	7人以上	100万円		

800円未満コースの対象は，地域別最低賃金800円未満の，青森，岩手，宮城，秋田，山形，福島，鳥取，島根，徳島，香川，愛媛，高知，佐賀，長崎，熊本，大分，宮崎，鹿児島，沖縄の19県のうち，事業場内最低賃金800円未満の事業場に限る。

支給対象となる事業主

- ・労働保険の適用事業主
- ・事業場内最低賃金が適用される労働者（雇入れ後6ヶ月を経過していること）の賃金引上げる計画を作成し，申請後に賃金引上げを行った事業主。
- ・生産性向上のための設備・器具などの導入を行った事業主。

109

＊パソコンや営業車両など事業活動のための経費は対象外となります。

申請の流れ

1. 実施計画の提出

2. 設備・機器の導入などで生産性を向上
　交付決定通知書を受け取った後，生産向上，労働能率の増進が図られる設備投資などを行い，業務の効率化を目指します。

3. 事業場内の最低賃金を引上げ事業場内の最低賃金を一定額引き上げます。

4. 事業実績報告書を提出
　助成金額の確定通知書を受けた後，支払請求書（株式第13号）を提出します。

申請のポイント

　事業改善計画と賃金引上げ計画を記載した交付申請書（様式第1号）を都道府県労働局に提出。内容が適正と認められれば助成金の交付決定通知が届きます。事業年度の1月31日までに提出する必要があります。交付決定通知書を受け取ってから設備投資等を行います。

第3章　社員のモチベーションアップに繋がる助成金

【計画時の提出書類】

	書類名	注意事項	義業主の押印
1	交付申請書（様式第1号）	記入漏れ，押印漏れがないこと	必要
2	法人登記簿謄本（法人の場合）		―
3	納税証明書（消費税及び地方消費税，法人税又は所得税の未納がないことを税務署長が証明するもの）		―

　労働局の窓口に業務改善計画の実施結果と賃金引上げ状況を記載した事業実績報告書（様式第9号）を提出します。

【報告時の提出書類】

	書類名	注意事項	事業主の押印等
1	事業実績報告書（様式第9号）その他，必要な別紙	記入漏れ，押印漏れがないこと	必要

　人材育成・教育訓練費，経営コンサルティング経費も助成対象となります。ただし就業規則の作成・改正，賃金制度の整備は対象とはなりません。

提案方法

　業務効率を上げるための機器やシステムを導入したくても予算的な面で躊躇している事業主に対して助成する制度があることを提案します。その上で時給をアップすれば，今までも募集をかけても反響が薄かった応募者も増えるようになります。社長以外は，パート社員主体で構成されている企業が対象となります。過去に業務改善助成金を受給したことがある事業場であっても申請することができます。

111

第4章
業務の標準化を進める
上で利用可能な助成金

この章では業務の標準化の実現に効果的な
助成金を紹介します。

1. 人材確保等支援助成金
——公平な評価制度の導入で従業員の満足度を高める

　人材確保等支援助成金は，生産性向上に資する設備等の投資を通じて生産性向上や賃金アップ等の雇用改善を図る事業主に対して支給される助成金で以下の10コースに分かれています。

　　・人事評価改善等助成コース
　　・雇用管理制度助成コース
　　・介護福祉機器助成コース
　　・介護・保育労働者雇用管理制度助成コース
　　・中小企業団体助成コース
　　・設備改善等支援コース
　　・働き方改革支援コース
　　・雇用管理制度助成コース（建設分野）
　　・若年者及び女性に魅力ある職場づくり事業コース（建設分野）
　　・作業員宿舎等設置助成コース（建設分野）

　本章では，人事評価改善等助成コースと雇用管理制度について紹介します。

(1) 人事評価改善等助成コース

　生産性向上に資する人事評価制度を整備し，定期昇給等のみによらない賃金制度を設けることを通じて，生産性の向上，賃金アップ及び離職率の低下を図る事業主に対して助成するものです。人材不足を解消することを目的としています。

第4章　業務の標準化を進める上で利用可能な助成金

助成額

①制度整備助成 　計画の実施期間内に人事評価制度を導入。賃金2%アップを実施	50万円
②目標達成助成 　人事評価制度等の整備から3年経過後に，生産性向上，賃金引上げ，離職率低下の目標を達成した場合，更に80万円を助成。	80万円

支給要件

① 制度整備助成

・正社員が対象

・賃金表（賃金テーブル）を定めていること

・人事評価基準の賃金テーブル等へ連動していること

・制度実施日の前日とその1年後の同月を比較したときに，毎月支払われている賃金の額が2%以上増加する見込みであること

・労働者の生産性向上に資する制度として賃金の総額を2%以上増加させることについて労働組合又は労働者の過半数を代表するものと合意をしていること

② 目標達成助成

・生産性の向上

　人事評価制度等の実施日の翌日から起算して3年を経過する日において，「生産性要件」を満たしていること

・賃金の増加

　人事評価制度等の実施日の属する月の前月に支払われた賃金と比較して，その1年後に支払われる賃金の額が，2%以上増加していること

115

・離職率の低下

　人事評価制度等の実施日の翌日から1年を経過するまでの期間の離職率が，前1年間の離職率よりも，目標値以上に低下させること（離職率は30％以下であることが必要）

> 申請の流れ

1. 人事評価制度整備計画を策定し労働基準監督署に提出

2. 計画の実施期間内にすべての正規労働者等へ人事評価制度を導入して賃金を2％アップ

3. 支給申請

4. 目標達成の申請

> 申請のポイント

　人事評価制度等を整備する月の初日からさかのぼって，6ヶ月前〜1月前の日の前日までに提出します。事評価制度等の整備日とは，人事評価制度等を整備した労働協約または就業規則の施行年月日をいいます。ただし，施行年月日が定められていない場合は，労働協約であればその締結日，就業規則であれば管轄する労働基準監督署等に届け出た日となります。制度の整備日は，就業規則を従業員全員に対して書面により周知した日とします。

【人事評価制度の要件】

　人事評価制度は下記の10をすべて満たしている必要があります。要件が多いように思われますが，評価制度を作成する上では特別なことで

第4章　業務の標準化を進める上で利用可能な助成金

はありません。

1. 労働者の生産性の向上に資する人事評価制度および賃金制度として，労働組合又は労働者の過半数を代表する者と合意していること。
2. 評価の対象と基準・方法が明確であり（※），労働者に開示していること。

  ※能力・技能・資格・行動・コンピテンシー・努力・姿勢・情意，成果・業績など，労働者個人の意思によって向上させることが可能な項目を対象とするものであり，年齢または勤続年数のみで評価が一義的に決定されるものでないことが必要です。

3. 評価が年1回以上行われるものであること。
4. 事評価制度に基づく評定と，賃金の額またはその変動の幅・割合との関係が明確であること。
5. 賃金表を定めているものであること。
6. 上記4および5を労働者に開示しているものであること。
7. 人事評価制度等の実施日の前月とその1年後の同月を比較したときに，「毎月決まって支払われる賃金」（以下「賃金」といいます。）人事評価制度等の実施日の前月とその1年後の同月を比較し賃金の各労働者の額及び総額を2％以上増加させることについて，労働組合または労働者の過半数を代表する者と合意していること。
8. 上記7について，労働組合または労働者の過半数を代表する者と合意していること。
9. 新しく整備した人事評価制度等により対象となる労働者を実際に評価した日から人事評価制度等の実施日が2か月以内であること。
10. 労働者の賃金の額の引き下げを行う等，助成金の趣旨・目的に反する人事評価制度等でないこと。

【計画届での提出書類】

	書類名	注意事項	事業主の押印等
1	人材確保等支援助成金（人事評価改善等整備計画書）（様式第1号）	記入漏れ，押印漏れがないこと	必要
2	「事業所確認票」（様式第2号）	記入漏れがないこと	不要
3	賃金アップ計算書（様式第1号参考様式1）	毎月決まって支払われる賃金額について，人事評価制度等の実施日の属する月の前月とその1年後の同月を比較したときに2％以上増加する見込みであることが分かる。	不要
4	人事評価制度等整備計画の認定申請日の直近に賃金支払い日における賃金台帳		不要
5	合意書（様式第1号参考様式3）	整備を予定している人事評価制度について，労働組合または労働者の過半数を代表する者と合意していることが確認できる。	
6	現行の就業規則		―
7	対象労働者の雇用契約書または労働条件通知書		―
8	離職証明書	計画時離職者の算出に係る期間	―
9	社会保険の適用事業所であることが分る書類等		―

第4章　業務の標準化を進める上で利用可能な助成金

·········· **賃金アップ計算書のサンプル** ··········

【様式第1号　参考様式1】

賃金アップ計算書

※該当する提出時にチェックを入れてください。

　□ 1.人事評価制度等整備計画認定申請書提出時

　□ 2.支給申請書（制度整備助成）提出時

　新制度の適用対象となる人事評価制度等対象労働者が，新制度における人事評価において最も一般的な評定を受けた場合，新制度の実施日（新制度で整備した人事評価制度等において適用される賃金表に基づく最初の賃金支払日）の前月とその1年後の同月の賃金の労働者ごとの額及び総額を比較したときに，2%以上増加する見込みであることを以下のとおり証明します。

人事評価制度等対象労働者の氏名	雇用保険被保険者番号	①人事評価制度の実施日の前月の賃金 平成〇年〇月分給与 （平成〇年〇月〇日支払）	②その1年後の賃金 平成〇年〇月分給与 （平成〇年〇月〇日支払）	((②-①)/①)×100
				（%）
合計額		③	④	

119

.... 合意書のサンプル ....

【様式第1号　参考様式3】

平成○年○月○日

合　意　書

○○会社　代表取締役社長

○○○○

○○会社　労働者代表

○○○○

　生産性向上に資するため人事評価制度及び賃金制度について整備することに合意する。

1. ○○制度概要

　・生産性向上に資するために，人事評価制度及び賃金制度について整備するものであること。

　・賃金制度の整備については，制度実施日（新制度で整備した人事評価制度等において適用される賃金表に基づく最初の賃金支払日）の前月とその1年後に支払われる「毎月決まって支払われる賃金額」について，同期間を通して在籍する者に対して支払われる賃金の労働者ごとの額及び総額がそれぞれ○％程度の増加する見込みであること。

2. 施行予定日：平成○年○日

....

第4章　業務の標準化を進める上で利用可能な助成金

【申請時の提出書類】

	書類名	注意事項	事業主の押印等
1	人材確保等支援助成金（人事評価改善等助成コース／制度整備助成）支給申請書（様式第6号）	記入漏れ，押印漏れがないこと	必要
2	「事業所確認票」（様式第2号）	記入漏れがないこと。	不要
3	賃金アップ計算書（様式第1号参考様式1）	毎月決まって支払われる賃金額について，人事評価制度等の実施日の属する月の前月とその1年後の同月を比較したときに2％以上増加する見込みであることが分かる	不要
4	人事評価制度等を実施したこと及びその内容，制度の実施日が確認できる以下の書類 ・人事評価制度等整備計画の認定申請日の直近に賃金支払い日における賃金台帳 ・出勤簿等対象労働者の出勤簿等出勤状況が確認できる書類		―
5	「人事評価制度等の適用者名簿」（様式第6号別紙2）		―
6	対象労働者の労働条件通知書または雇用契約書		―
7	現行の就業規則		―
8	支給要件確認申立書		必要
9	社会保険の適用事業所であることが分る書類等		

121

·············· **人材確保等支援助成金支給申請書のサンプル** ··············

様式第6号（H30.4）（平成31年3月31日までに計画書を提出した場合）

人材確保等支援助成金（人事評価改善等助成コース/制度整備助成）
支給申請書

　　人材確保等支援助成金（人事評価改善等助成コース/制度整備助成）の支給を受けたいので，以下のとおり申請します。

　　なお，本申請日時点において，雇用保険被保険者資格取得届及び雇用保険被保険者資格喪失届について，届出漏れがないことを申し添えます。

年　　　月　　　日

　　　　　　　労働局長　殿　　　事業主　住　所　〒
　　　　　　　　　　　　　　　　又は　名　称　○○○株式会社
　　　　　　　　　　　　　　　　代理人　氏　名　代表取締役　佐藤　敦規　　　　　　　㊞

　　代理人が申請する場合は，上欄に代理人の記名押印等を，下欄に人事評価改善等助成金（制度整備助成）の支給に係る申請事業主の住所，名称及び氏名の記入（押印不要）を，社会保険労務士法施行規則第16条第2項に規定する提出代行者又は同則第16条の3に規定する事務代理者たる社会保険労務士が申請する場合は，上欄に申請事業主の記名押印等を，下欄に社会保険労務士の記名押印等をしてください。

　　　　　　　　　　　　　　事業主又は　　住　所　〒
　　　　　　　　　　　　　　社会保険労務士　名　称
　　　　　　　　　　　　　（提出代行者・事務代理者）氏　名　　　　　　　　　　　㊞

①申請事業者の主たる事業所の雇用保険適用事業所番号			

②人事評価制度等	(1) 認定年月日	平成　　年　　月　　日	(2) 認定番号		
	(3) 整備した人事評価制度等の概要		(4) 人事評価制度等の整備日	平成　　年　　月　　日	
	内容		(5) 人事評価制度等の実施日	平成　　年　　月　　日	
			(6) 対象となった人事評価制度等対象労働者数		人

③申請額	制度整備助成　50万円

④-1. 国等からの補助金等受給の有無	有（　　　　）・ ⦿無

④-2. 人材確保等支援助成金の各コースの申請の有無	（有・⦿無） （有の場合具体名：　　　　）

⑤申請書作成担当者		電話番号	
社会保険労務士記載欄	作成年月日	電話番号	
	提出代行・事務代理者の表示		

122

第4章　業務の標準化を進める上で利用可能な助成金

提案方法

　「生産性の向上のためには人事評価制度の策定が必要です。助成金を利用して人事評価制度を作りましょう！」このようなアプローチをしてもなかなか中小企業の経営者は，首を縦には振らないでしょう。費用と時間をかけて人事評価制度を作成しても，思ったほど効果が上がらなかったという事例を社長は，知っているからです。「残業時間の削減のためには，現在の業務の棚卸をしてみましょう。特定の人に偏っていた業務を他の人に分担できるか検討してみましょう」と声を掛けたほうがよいかと思われます。残業時間の削減を緊急な課題だと捉えている社長は多いからです。評価制度を作る過程で業務内容の棚卸は不可欠です。

　また正社員の人数が20名以下の企業の方が管理しやすいです。20名を超える企業は，その人数の雇用契約書などを用意しなければならないので管理工数が増えます。

　なお，労働者の賃金の額の引下げを行う等，人事評価改善等助成金の趣旨・目的に反する人事評価制度は助成の対象とはなりませんのでご注意ください。

(2) 雇用管理助成制度

　新たな雇用管理制度（評価・処遇制度，研修制度，健康づくり制度，メンター制度，短時間正社員制度（保育事業主）のみ）の導入による改善を行い，離職率の低下に取り組んだ場合に助成されます。

123

2. 雇用管理助成制度

　新たな雇用管理制度（評価・処遇制度，研修制度，健康づくり制度，メンター制度，短時間正社員制度（保育事業主）のみ）の導入による改善を行い，離職率の低下に取り組んだ場合に助成されます。

離職率の低下目標

雇用保険加入者	1～9人	10～29人	30～99人	100～299人	300人以上
低下させる離職率	15%	10%	7%	5%	3%

助成額

　57万円（72万円）：目標達成時

対象となる事業主

　雇用保険の適用事業主（社員を一人でも雇用していれば助成の対象となります）

対象となる制度

- ・評価処遇制度：評価・処遇制度，昇進・昇格制度，賃金体系制度，諸手当制度を指し，就業規則に明記する。
- ・研修制度：職務の遂行に必要な能力を付与するため，カリキュラム内容，時間等を定めた10時間以上の職業訓練・研修制度を指し，就業規則に明記することが必要。
- ・健康づくり制度：胃がん検診など法定の健康診断以外の健康づくりに資する新たな制度（費用を要する場合は半分以上，会社が負担する）を導入し，就業規則に明記することが必要。
- ・メンター制度：会社の上司とは別に先輩（メンター）が後輩を指導する制度

124

第4章　業務の標準化を進める上で利用可能な助成金

申請の流れ

1. 雇用管理制度整備計画の提出
   ⬇
2. 計画の導入（計画期間：3か月以上1年以内）
   計画開始日は，最初に雇用管理制度を導入する月の初日になります
   ⬇
3. 支給申請
   評価時離職率算定期間の末日の翌日から2か月以内に申請書を各都道府県労働局に提出します。

申請のポイント

【計画時に必要な書類・研修制度の例】

	書類名	注意事項	事業主の印等
1	「人材確保等支援助成金（雇用管理制度助成コース）雇用管理制度整備計画（変更）書」（様式第a-1号）	記入漏れがないこと	必要
2	「導入する研修制度の概要票」（様式第a-1号別紙2）		不要
3	事業所確認票（様式第2号）		不要
4	現行の労働協約または就業規則と変更する予定の労働協約または就業規則の案	就業規則の文言については，窓口で確認して貰いましょう。	―
5	対象事業所における計画時離職率の算出に係る期間の雇用保険一般被保険者の離職理由等がわかる書類		―
6	事業所における雇用管理制度対象労働者名簿		―
7	事業所が社会保険適用事業所であることの書類等		―

【支給申請に必要な書類】

	書類名	注意事項	事業主の印等
1	「人材確保等支援助成金（雇用管理制度助成コース）雇用管理制度整備計画（変更）書」（様式第a-6号）	記入漏れがないこと	必要
2	事業所確認票（様式第2号）		不要
3	「事業所における雇用管理制度対象労働者名簿」（様式第a-1号別紙7）		
4	現行の労働協約または就業規則と変更する予定の労働協約または就業規則の案	就業規則の文言については，確認して貰いましょう。	―
5	対象事業所における計画時離職率の算出に係る期間の雇用保険一般被保険者の離職理由等がわかる書類		―
6	事業主が健康診断を実施していることがわかる書類		
7	事業所が社会保険の適用事業所であることが分かる書類		
8	「導入した研修制度の概要票」（様式第a-6号別紙2）		
9	対象労働者の賃金台帳等賃金の支払い状況がわかる書類	制度の導入日の1か月前から教育訓練等を行った期間に係る全ての月分を提出	
10	対象労働者の出勤簿等出勤状況が確認できる書類	制度の導入日の1か月前から教育訓練等を行った期間に係る全ての月分を提出	
11	教育訓練等を行ったこと及びその内容，制度の実施日が確認できる書類実施内容・日時・場所等が記載された実施通知，カリキュラム，セミナー受講証や修了証，領収書等		

12	支給要件確認申立書		必要

提案方法

従業員が30人以下の中小企業が狙い目です。中途採用を中心とするため，新入社員研修のように大がかりな研修制度ではなく，2日間程度の研修制度でも助成の対象となります。e-ラーニングや自社の社員が講師として行う研修制度でも対象となります。

労働条件の不利益変更は許されるのか　コラム

助成金が支給されることを想定して賃上げや休暇制度，福利厚生制度などを導入した後，助成金制度が廃止されてしまうようなこともあります。助成金ありきというのは語弊があるとしても，助成なしで制度を維持するのは現実的に厳しい，景気の悪化に伴い経営環境が変わるといったことも想定されます。一旦，導入した制度を廃止することはできるのでしょうか？　会社が一方的な判断で労働者にとって不利益な方向に，労働条件を変更することは不利益変更とみなされ，許されないとされています。

ただし労働条件の不利益変更がすべて禁じられているわけではありません。労働契約法10条に下記のように定められています。

（労働契約法）
第10条
使用者が就業規則の変更により労働条件を変更する場合において，変更後の就業規則を労働者に周知させ，かつ，就業規則の変更が，労働者の受ける不利益の程度，労働条件の変更の必要性，変更後の就業規則の内容の相当性，労働組合等との交渉の状況，その他の就業規則の変更に係る事情に照らして合理的であるときは，労働契約の内容である労働条件は，当該変更後の就業規則に定めるものとする。

ただし，労働契約において，労働者及び使用者が就業規則の変更によって変更されない労働条件として合意していた部分については，第12条の該当する場合を除き，この限りでない。

　「変更の合理性」「周知」という条件を満たした場合には，変更後の労働条件が，労使間の労働条件となります。合理性があるかどうかを判断するにあたっては，裁判例では，（1）労働者の受ける不利益の程度，（2）労働条件の変更の必要性，（3）変更後の就業規則の内容の相当性，（4）労働組合等との交渉の状況，（5）その他の事情を総合的に考慮して判断するものとされています。
　しかし労働条件を不利益に変更することには，リスクもあります。労働者の同意を得ることができないことも想定されます。労働条件について一方的に不利益な変更をすると，これに反発した労働者が，会社に反旗をひるがえして労働紛争となる恐れがあります。またモチベーションを失い離職することも想定されます。助成金を利用できるからと言って，新制度の導入を安易に提案するのは得策ではありません。熟考してから勧めるほうがよいです。

第5章
今年から拡充・新設された助成金

今年度から拡充，新設された助成金について紹介します。今期からは働き方改革に直結する時間外労働改善助成金の支給金額がアップしています。

1. 時間外労働改善助成金
──働き方改革を推進する施策にかかる費用を補填できる

　労働時間等の設定の改善により，所定外労働時間の削減や年次有給休暇の取得促進等を図る中小企業事業主に対して，その実施に要した費用の一部を助成するものです。2017年までは職場意識改善助成金という名称でしたが，2018年からは時間外労働改善助成金に改称されました。さらに2019年度からは，助成額も拡充されております。時間外労働の削減という働き方改革の目的に対応する助成金です。本助成金は，下記の5つのコースに分かれています。

　　1. 時間外労働上限設定コース
　　2. 勤務間インターバル導入コース
　　3. 職場意識改善コース
　　4. テレワークスコース
　　5. 団体推進コース

（1）時間外労働上限設定コース

　時間外労働の上限設定に取り組む中小企業事業主に対して，その実施に要した費用の一部を助成するものです。

助成額

補助率	成果目標を達成した場合，取り組みの実施に要した経費の一部を助成
上　限	200万円

対象となる事業主

　・36協定において限度時間を超える内容の時間外・休日労働に関す

る協定を締結し，実際に限度時間を超える就労が複数月ある会社。
・労働者災害補償保険の適用事業主
・中小企業事業主（大企業は対象外です）

【必要な取組み】
　平成31年度に有効な36協定の延長する労働時間数を短縮して，以下のいずれかの上限設定を行い，労働基準監督署へ届出を行うこと。
1. 時間外労働時間数で月45時間以下かつ，年間360時間以下に設定
2. 時間外労働時間数で月45時間を超え月60時間以下かつ，年間720時間以下に設定
3. 時間外労働時間数で月60時間を超え，時間外労働時間数及び法定休日における労働時間数の合計で月80時間以下かつ，時間外労働時間数で年間720時間以下に設定

申請の流れ

1. 交付申請書の提出（事業実施計画を添付）

2. 時間外労働削減のための施策への取り組み

3. 支給申請

申請のポイント

① 交付申請書の提出
　交付申請書というのは，助成金の計画届のようなものです。管轄の都道府県労働局雇用環境・均等部（室）へ提出します。

【提出書類】

	書類名	注意事項	事業主の押印等
1	交付申請書（様式第1号）	記入漏れ，押印漏れがないこと	必要
2	事業実施計画（様式第1号別添）	記入漏れがないこと	不要
3	「労働基準法第36条第1項の協定で定める労働時間の延長の限度等に関する基準」に規定する限度時間を超える内容の時間外・休日労働に関する協定の締結状況を確認するための書類	有効なもの	不要
4	平成28年度又は平成29年度の「労働基準法第36条第1項の協定で定める労働時間の延長の限度等に関する基準」に規定する限度時間を超える内容の時間外・休日労働に関する協定の締結状況，時間外労働時間数及び休日労働時間数を確認するための書類		不要
5	成果目標に週休2日制の導入を設定している場合，事業に取り組む前の休日の規定を確認するための書類（就業規則，必要に応じて労働条件通知書等）	該当しない場合は不要です。	―
6	見積書（事業を実施するために必要な経費の算出根拠が分かる資料，必要に応じて導入する機器等の内容が分かる資料） ※見積書の発行を受けることができない場合，例外的に見積書以外の資料によることを認める場合がある。	見積書は，金額が適正な水準のものかを確認する必要があるため，複数提出すること。複数提出できない場合は，金額が適正な水準であることが確認できる資料を提出する。なお，専門家謝金などの人件費が1回あたり12000円以下の場合は，相見積は不要。	―
7	現行の就業規則		―

132

第5章 今年から拡充・新設された助成金

········· **交付申請書のサンプル** ·········

様式第1号

平成　年　月　日

時間外労働等改善助成金交付申請書

労働局長　殿

時間外労働等改善助成金の交付を受けたいので，下記のとおり申請します。

記

事業主又は代理人　　　　　　住　　所　〒○○○-○○○○　東京都○○○

電話番号　03-○○○-○○○○

（法人名）　○○○株式会社

代表者職・氏名　代表取締役　○○○○　　　㊞

事業主又は社会保険労務士　　住　　所　〒

（提出代行者・事務代理者の表示）　電話番号

（法人名）

代表者職・氏名　　　　　　　　　㊞

※申請者が代理人の場合，上欄に代理人の記名押印等を，下欄に時間外労働等
　改善助成金の支給に係る事業主の住所，名称及び氏名の記入（押印不要）
　を，申請者が社会保険労務士法施行規則第16条第2項に規定する提出代行
　者又は同則第16条の3に規定する事務代理者の場合，上欄に事業主の記名
　押印等を，下欄に申請者の記名押印等をしてください。

133

1. 申請事業主について

(1) 業種 （日本標準産業分類の中分類を記入）	分類番号： 分類項目名：							
(2) 労働保険番号 （主たる労働保険番号を記入）								−
(3) 資本金の額又は出資の総額	円							
(4) 企業全体で常時使用する労働者の数	人							
(5) 平成28年度又は平成29年度において限度基準を超える特別条項を締結している事業場を有する事業主に該当するか	はい ・ いいえ							
(6) (5)の事業場において当該時間を超える時間外労働及び休日労働を複数月行った労働者を有しているか	はい ・ いいえ							

(7) 振込を希望する金融機関について

金融機関名		支店名	
口座の種類	普通 ・ 当座	口座番号	
口座名義 （カタカナ）			

様式第1号（続紙）

2. 事業の内容及び目的について

(1) 支給対象の事業（1つ以上選択）	
ア．労務管理担当者に対する研修 ウ．外部専門家によるコンサルティング オ．人材確保に向けた取組 キ．労務管理用機器の導入・更新 ケ．テレワーク用通信機器等の導入・更新	イ．労働者に対する研修，周知・啓発 エ．就業規則，労使協定等の作成・変更 カ．労務管理用ソフトウェアの導入・更新 ク．デジタル式運行記録計の導入・更新 コ．カ〜ケに該当しない労働能率の増進に資する設備・機器等の導入・更新
(2) 事業の目的（※は必須）	
a. 時間外労働の上限設定（※） b. 週休2日制の導入	

② 各施策への取組み

【対象となる取組み例】

次の施策をいずれか1つ以上実施した場合に支給されます。

1. 労務管理担当者に対する研修
2. 労働者に対する研修, 周知・啓発※
3. 外部専門家（社会保険労務士, 中小企業診断士など）によるコンサルティング
4. 就業規則・労使協定等の作成・変更（時間外・休日労働に関する規定の整備など）
5. 人材確保に向けた取組み（求人広告の費用なども対象となります）
6. 労務管理用ソフトウェアの導入・更新
7. 労務管理用機器の導入・更新
8. 労働能率の増進に資する設備・機器等の導入・更新（小売業のPOS装置, 飲食店の自動食器洗い乾燥機など）※

　※研修には, 業務研修も含みます。
　※原則としてパソコン, タブレット, スマートフォンは対象となりません。

なお各施策は, 交付申請が認められてから行う必要があります。それ以前に実施した場合は経費として認められません（見積を出すのは認められることがあります）。

③ 支給申請

	書類名	注意事項	事業主の押印等
1	支給申請書（様式第10号）	記入漏れ，押印漏れがないこと	必要
2	事業実施結果報告書（様式第11号）	記入漏れがないこと	必要
3	労働時間等設定改善委員会の設置等労使の話し合いの機会について，客観的に話し合いが行われたことが分かる資料（参加者名簿（役職を入れること），議事次第，議事録，会議風景の写真など）		―
4	労働者に対する事業実施計画の周知について，いつどのように周知したのかが客観的に分かる資料（メール，社内報，周知文書，事務所に掲示した場合はその写真など）		―
5	事業の実施に要した費用を支出したことが確認できる書類（銀行振込受領書，領収書，請求書など）		―
6	事業を実施したことが客観的に分かる資料		―
7	成果目標の達成状況に関する証拠書類（作成・変更後の時間外・休日労働に関する協定届（労働基準監督署長に届け出たもの）。週休2日制の導入を成果目標に設定した場合は作成・変更後の就業規則）		―
8	労働時間等に関する個々の苦情，意見などを受け付けるための担当者の選任についてどのように周知したのか分る資料		―

第5章　今年から拡充・新設された助成金

提案方法

　中小企業の時間外規制が実施されるのは，2020年ですのでまだ少し時間があります。しかし残業時間の削減は，一朝一夕ではできません。月60時間以上の残業代の値上げなどを例に出しながら，早急に時間外労働を削減する必要があることを訴えます。本助成金はかかった経費に対して助成されるものです。最初に出費が発生しますので助成金の話をしても反応は薄いと思われます。36協定のフォーマットが変更になったのでこのことを切り口に提案すると受入れやすいと思われます。なお交付申請書の締め切りは2019年11月29日ですので，早めに取り組む必要があります。

（2）勤務間インターバル導入コース

　勤務間インターバル制度を導入する会社に助成される制度です。すでに導入済の会社でもその対象を過半数に拡大することや時間を延長することにより対象となることがあります。

助成額

インターバル休息時間数	新規導入	適用範囲の拡大，延長時間のみの場合
9時間以上11時間未満	80万円	40万円
11時間以上	100万円	50万円

対象となる会社

・新規導入：新たに半数を超え従業員にインターバル休憩を導入する。
・適用拡大：すでに9時間以上のインターバル休憩を導入しているが，その対象を従業員の半数超に拡大する。
・時間延長：9時間未満のインターバル休息を導入しているがその対

137

象を半数超としてインターバル休憩時間数を2時間以上延長して9時間以上とする。

> 支給対象となる取り組み

- 労務管理担当者に対する研修
- 労働者に対する研修，周知・啓発
- 外部専門家（社会保険労務士，中小企業診断士など）によるコンサルティング
- 就業規則・労使協定等の作成・変更（時間外・休日労働に関する規定の整備など）
- 労務管理用ソフトウェアの導入・更新
- 労務管理用機器の導入・更新
- その他の勤務間インターバル導入のための機器等の導入・更新

> 申請の流れ

1. 交付書の申請

2. 事業の取り組み

3. 申請

> 申請のポイント

① 交付書の申請

　時間外労働上限設定コース同様に管轄の都道府県労働局雇用環境・均等部（室）への申請が必要になります。締め切りの期限がありますのでご注意ください。

第5章　今年から拡充・新設された助成金

【提出書類】

	書類名	注意事項	事業主の押印等
1	交付申請書 （様式第1号）	記入漏れ，押印漏れがないこと	必要
2	事業実施計画 （様式第1号別添）	記入漏れがないこと	不要
3	事業に取り組む前の勤務間インターバルの導入状況を確認するための書類 （就業規則，労使協定，労働条件通知書等）		―
4	見積書 （事業を実施するために必要な経費の算出根拠が分かる資料，必要に応じて導入する機器等の内容が分かる資料）	見積書は，金額が適正な水準のものかを確認する必要があるため，複数提出すること ※複数提出できない場合は，金額が適正な水準であることが確認できる資料を提出すること。なお，専門家謝金などの人件費が1回あたり12,000円以下の場合は，相見積は不要	―

② 事業への取り組み

　勤務間インターバル制度を導入するにあたって下記の事項を決定します。なお，機器の導入などは交付書が届いてから行うようにします。

・対象労働者の範囲

・休憩時間の長さ

・始業時間の繰り下げの有無

・適用除外規定の有無

・休憩時間を確保できない場合の代替措置の有無

139

③ 申請書

【提出書類】

	書類名	注意事項	事業主の押印等
1	時間外労働等改善助成金支給申請書（様式第10号）	記入漏れ，押印漏れがないこと	必要
2	事業実施結果報告書（様式第11号）	実施した事業の内容は計画どおりになっているか	必要
3	見労働時間等設定改善委員会の設置等労使の話し合いの機会について，客観的に話し合いが行われたことが分かる資料（参加者名簿（役職を入れること），議事次第，議事録，会議風景の写真など）		―
4	労働時間等に関する個々の苦情，意見及び要望を受け付けるための担当者の選任について，いつどのように周知したのかが客観的に分かる資料（メール，社内報，周知文書，事務所に掲示した場合はその写真など）	写し1部資料右上に【資料2】と付すこと	―
5	労働者に対する事業実施計画の周知について，いつどのように周知したのかが客観的に分かる資料（メール，社内報，周知文書，事務所に掲示した場合はその写真など）		―
6	事業の実施に要した費用を支出したことが確認できる書類（銀行振込受領書，領収書など）		―
7	事業を実施したことが客観的に分かる資料		―
8	成果目標の達成状況に関する証拠書類（就業規則，労使協定等）		―

提案方法

　勤務間インターバル制度を導入することによって残業の削減に繋がることを訴えましょう。勤務間インターバル制度の導入は，努力義務のた

め，反応が鈍いと思われます。厚生労働省が勤務間インターバル制度の利点をまとめた小刷子を作成しておりますが，事例として挙げられているのが大企業なので，「うちみたいな零細は，大手さんと違ってこんなことはできません」と言われてしまうでしょう。勤務間インターバル制度により，残業時間を削減するためには，始業時間のみを繰り下げ，終業時間はいつも通常通りとすることです。9時〜18時の会社であれば，11時に出社した日の終了時間を9時間後の20時とするのではなく，18時の通常通りとすることです。終業時間も同時に繰り下げていたのでは，退社時間が遅くなるだけで残業時間の削減にはなりません。従業員の休息効果も薄いと思われます。その上で9時から11時は不就労時間として賃金計算の対象外とします。その際は，下記のように終業規則を改訂します。

第○条（勤務間インターバル制度による始業時間の繰り下げ）
1. 日の勤務終了後，次の勤務の開始までに少なくとも○時間の継続した休息時間を与える。
2. 前項の休息時間が，次の所定開始時刻以降に及ぶ場合，翌日の始業時間は，前項の休息終了時間まで繰り下げる。
3. 前項における所定始業時刻から休息満了までの時間は，賃金規定第○条の定めるところにより控除する。

141

2. 人材確保等支援助成金
   働き方改革支援推進コース

平成31年4月から新たに導入された助成金です。中小企業が新たに労働者を雇い入れ，一定の雇用管理改善を達成した場合，労働者1人当たり60万円が助成されます。時間外労働改善助成金の支給を受けた中小企業であることが要件です。

[助成額]（本助成金は中小企業のみが対象です）

【計画達成助成】

一定の雇用改善をした場合に支給されます。

	金額
雇い入れた労働者1人当たり＊1	60万円
短時間労働者1人当たり＊2	40万円

＊1：年間10名が上限です。
＊2：週の所定時間が20時間以上30時間未満

【目標達成助成】

生産性の加算は，雇用管理計画の開始日から3年経過する日以降に申請できます。生産性の伸び率と共に離職率の目標を達成する必要があります。

	金額
雇い入れた労働者1人当たり	15万円
短時間労働者1人当たり	10万円

[支給対象事業主]

・時間外労働等改善助成金の支給を受けた中小企業事業主（平成29年度の旧職場意識改善助成金も含む）。

142

・計画達成時離職率が30％以下であること

申請の流れ

1. 雇用管理改善計画（計画期間は1年間）の提出
   ⬇
2. 認定を受けた1の計画に基づき新たな労働者の雇い入れ及び雇用管理改善の実施
   ⬇
3. 計画達成助成の支給申請
   ⬇
4. 目標達成助成の支給申請

申請のポイント

他の助成金同様，最初に計画書（雇用管理改善計画）を提出します。新たに雇用した労働者を1年以上，継続して雇うことが必要です。提出書類以外にも雇用管理改善の取り組みなどについて問われることがありますので，しっかりと取り組む必要があります。

また雇用管理改善計画期間は1年間ありますが，算定の対象となる労働者については計画開始日から半年以内となっておりますので注意してください。

計画開始日から半年以内に雇用した労働者が算定の対象となる。

【計画時に必要な書類】

	書類名	注意事項	事業主の印等
1	人材開発支援助成金（働き方改革支援コース）雇用管理改善計画（変更書）様式第1号）	記入漏れがないこと	必要
2	雇用管理改善計画の概要票（様式第1号別紙）		不要
3	事業所確認票（様式第2号）		不要
4	時間外労働等改善助成金支給決定通知書	支給決定前は時間外労働等改善助成金通知でもよい	―
5	中小企業であることを確認できる書類		―
6	財務諸表	対象労働者を雇う予定日の属する会計年度の前年度における財務諸表	―
7	社会保険の適用事業所であることが分かる書類		―
8	労働者が社会保険の被保険者であることが分かる書類		―

·············· **雇用管理改善計画の概要票のサンプル** ··············

（様式第1号別紙）（H31.4）

年　　　月　　　日

1. 申請事業主名称	佐藤○○株式会社
2. 現状・課題	①支給を受けた（又は見込み）助成金をチェックし，支給決定（見込み）年度を記載してください。 □時間外労働等改善助成金（時間外労働上限設定コース）　　　　　　　支給決定（見込み）年度（　年度） ☑時間外労働等改善助成金（勤務間インターバル導入コース）　　　　　　支給決定（見込み）年度（30年度） □時間外労働等改善助成金（職場意識改善コース）　　　　　　　　　　支給決定（見込み）年度（　年度） ②上記①以外に実施している働き方改革への取組があれば記載してください。

144

	③上記①及び②を取り組むうえで人員不足となっている理由を記載してください。 ※下記の状況が把握できる組織図，配置図，業務分掌等を添付してください。 【人員不足の部署・業務内容等】 【働き方改革を取り組むうえで人員不足となる（なっている）理由】
3.雇い入れ	上記2の課題を踏まえた雇い入れに係る予定を記載してください。 ※組織図，配置図，業務分掌等の案を添付してください。 【雇い入れ人数（対象労働者数）】 【配属部署・業務内容等】
4.雇用管理改善	雇用管理改善計画期間中に取り組む雇用管理改善の内容を具体的に記載してください。

【支給申請に必要な書類】

	書類名	注意事項	事業主の印等
1	人材開発支援助成金（働き方改革支援コース）計画達成助成支給申請書様式第6-1号）	記入漏れがないこと	必要
2	事業所確認票（様式第2号）	記入漏れがないこと	不要
3	雇用管理改善計画の概要票（様式第6号別紙）		不要

145

	書類名	注意事項	事業主の印等
4	雇用管理改善計画の対象労働者名簿（様式第6号別紙2）		―
5	対象労働者の雇いれ日及び雇用形態が確認できる書類	労働条件通知書や労働者台帳	―
6	対象労働者の賃金の支払い状況が確認できる書類		―
7	出勤簿等，対象労働者の出勤状況が分かる書類		―
8	離職状況が分かる書類		―
9	支給要件確認申立書（共通要領様式第1号）		
10	時間外労働等改善助成金支給決定通知書（計画申請時に未提出の場合のみ）		

【目標達成時の支給申請に必要な書類】

	書類名	注意事項	事業主の印等
1	人材開発支援助成金（働き方改革支援コース）目標達成助成申請書様式第6-2号）	記入漏れがないこと	必要
2	事業所確認票（様式第2号）	記入漏れがないこと	―
3	離職状況が分かる書類		不要
4	生産性要件確認シート（共通要領様式第2号）		―
5	支給要件確認申立書（共通要領様式第1号）		必要

提案方法

　中小企業の時間外労働削減のための解決策として提案します。求人難や時間外労働労働の上限規制が適用されることまで猶予があることから，大半の中小企業の取り組みは鈍いものがあります。本助成金の存在を教えることにより，取り組みに着手するきっかけになると思われます。支給要件の条件となる時間外労働等改善助成金の取り組みから含め

第5章　今年から拡充・新設された助成金

ますと申請まで長時間がかかります。そのデメリットについて視点を変え，持続的な関係性を中小企業と保てれば，顧問契約に結び付く可能性があります。すでに顧問社労士がいても，積極的に助成金について提案していないことが多いからです。そうした場合は顧問契約の乗り換えの話もでてきます。本助成金の申請には，雇用管理改善計画のように対象となる会社の組織図や業務分担などについて記した書類も必要となります。いわば会社の経営方針にも関与するようになりますので，経営コンサルタント的な役割を担うことも可能となります。

外国人労働者と助成金　コラム

　日本で働く外国人労働者が年々，急増しております。厚生労働省の発表によれば，平成 29 年 10 月末現在の外国人雇用者数は128万人。前年同期比 194,901 人，18.0％の増加（平成19年に届出が義務化されて以来，過去最高を更新）。外国人労働者を雇用する事業所数は194,595か所で，前年同期比21,797か所，12.6％の増加（平成19年に届出が義務化されて以来，過去最高を更新）しております。

　また2018年12月8日は，外国人労働者の受け入れ拡大に向けた「出入国管理及び難民認定法及び法務省設置法の一部を改正する法律」が成立。今年の4月から施行されています。これは，人手不足の分野で一定の技能を持つ人を対象に，新たな在留資格である「特定技能」を創設するためです。こうした状況から筆者が勤務する社会保険労務士事務所にも，外国人労働者の雇用に関する問い合わせが増えています。

　では外国人労働者を雇用した場合や外国人労働者が教育訓練などを受けた際，助成金の対象となるのでしょうか？　結論から言うとなる場合とならない場合があります。

147

外国人労働者のカテゴリー

　まず日本で働いている外国人には，次の4つのカテゴリーがあること
を頭に入れておきましょう。

① 身分に基づき在留する者

　定住者・永住者・日本人の配偶者等です。原則的に就業の際に職種や
機会の制限をうけません。

② 就労目的で在留が認められるもの

　国が定める高度な専門的・技術的な分野での就業や，外国人特有の能
力が求められる分野において就労することが可能です。高度専門職や技
術・人文知識・国際業務などがあります。

③ 特定活動

　特定の活動を目的として特定期間のみ就業が可能。

　技能実習制度などがこれにあたり，原則的に目的の技能を学べない作
業には従事できません。EPA外国人看護師なども該当します。EAP外
国人看護師とは，病院・施設等で看護師候補者又は介護福祉士候補者と
して就労または就学しながら，日本の国家試験を取得するための研修を
受け，国家資格取得後は引き続き日本で就労することを目的としていま
す。

④ 資格外活動

　留学生のアルバイトやワーキングホリデーなどが該当します。本来の
在留資格の活動を阻害しない範囲内で働くことが可能です。留学生の場
合は1週間に28時間，1日4時間以内という制限があります。

第5章　今年から拡充・新設された助成金

　助成金の対象となるのは，①と②の外国人労働者を採用した場合です。③と④に関しては，原則としてなりません。例えば技能実習生やEAP外国人看護師を正社員に転換してもキャリアアップ助成金の正社員コースの申請はできないのです。なお技能実習生でも人材開発支援助成金の訓練コースは対象となることもあります。特定技能も技能実習生に準じた扱いになるかと思われますが，新制度ですので都度確認する必要があります。

　また②についても留意する必要があります。転職して業務内容が変わったりすると在留資格の要件を満たさなくなる恐れもあるからです。したがって助成金の申請を考える前に採用する外国人が継続して勤務できるのかを確認する必要があります。

149

第6章
助成金の節税処理と効果的な使い方

助成金は収入として法人税の対象となります。申請から実際の給付の入金までかなりの時間差がある助成金は，会計処理として注意しなければならないことがあります。ここでは，会計処理の方法といくつかの注意点などについて紹介します。

助成金に関連した節税制度について紹介するのは，社会保険労務士の本来の役割ではありませんが，助成金の申請を受託した企業と継続してコンタクトを取る際の手段となります。助成金を単発で受託することはできても顧問契約までに至るのは，なかなか難しいものがあるからです。助成金が支給されて「ありがとうございます」と言われて終わりとならないようにするためには，節税面での提案も有効です。

1. 助成金は収益として扱われる

　助成金の申請が無事に通り入金された場合，仕訳は営業外の収益として「雑収入」等の勘定で処理することになります。100万円の助成金が入金された場合の経理上の仕訳は，次のようになります。

借方	金額	貸方	金額
預金	100万円	雑収入	100万円

　収益として記帳するタイミングは，国や公共労働局により支給決定がなされたときとなります。なお，支給が決定したものの，入金される前に決算日がきた場合には次のように処理します。

借方	金額	貸方	金額
未収入金	100万円	雑収入	100万円

　助成金は法人税の課税対象となりますので，入金されたお金を丸ごと事業者が使えるわけではないことを認識しておきましょう。なお消費税については，助成金は課税対象となりません（補助金も同様です）。消費税が事業の対価としての資産の譲渡や貸付け，仕事の提供のみを課税対象にすると法律で定められているからです。

助成金で購入した固定資産の圧縮記帳

　圧縮記帳とは，国から支給された補助金・助成金を利用して固定資産を購入した際，その購入価額から補助金の額を減額（圧縮）して購入価額とする処理です。上記の通り補助金・助成金は法人税法上収益（益金）となりますが，その補助金・助成金により固定資産を購入した場合，そのままでは費用（損金）が計上できないため，その補助金・助成金に対する税金が一度にかかってしまいます。そこで圧縮損（費用）を

152

第6章　助成金の節税処理と効果的な使い方

助成金（収益）と同時に計上する圧縮記帳をすることにより，その期の税額を減らすことができます。但し免税ではなく，課税の繰り延べであり，翌期以降は減価償却費が少なくなることにより税額が増加することになります。

　厚生労働省の助成金については，人件費等の経費を補助する性質のものが多く，これらは圧縮記帳の対象となりません。ただし，障害者雇用納付金制度に基づく助成金（障害者作業施設設置等助成金，障害者福祉施設設置等助成金），重度障害者等通勤対策助成金，重度障害者多数雇用事業所施設設置等助成金など，固定資産の購入を補助するものに関しては，圧縮記帳を使うことができます。なお実際に圧縮記帳を適用する際には，税理士などの専門家に十分ご相談ください。

153

2. 所得拡大促進税制による減税

　平成30年度の税制改正で，これまでの所得拡大促進税制が改組され，「所得拡大促進税制（中小企業向け）」が拡充されました。それに加え，教育訓練に関する費用を増大させた会社には優遇制度が設けられています。大企業と比較して中小企業の場合は，下記のような優遇措置がとられています。

大企業の場合

要件①	賃金要件	継続雇用者給与等支給額の対前年度割合≧3％
要件②	投資要件	国内設備投資額≧減価償却費の90％
要件③	教育訓練または経営力向上	教育訓練費が対前事業年度比で20％以上増加

※要件①と②を満たした場合は，給与増加額等の15％が減税されます。
　要件①②③をすべて満たす場合は，給与増加額等の20％が減税されます（控除金額は法人税の20％が限度です）。

中小企業の場合

要件①	賃金要件	継続雇用者給与等支給額の対前年度割合≧1.5％
要件②	賃金要件	継続雇用者給与等支給額の対前年度割合≧2.5％
要件③	教育訓練または経営力向上	次のいずれかを満たす場合 ・教育訓練費が対前事業年度比で10％以上増加 ・中小企業等経営強化法に基づく経営力向上計画の認定を受けており，経営力向上が確実になされていること

※要件①を満たす場合は，給与増加額等の15％が減税されます。
　要件②と③を満たす場合は，給与増加額等の25％が減税されます。例えば，全社員の給与が総額500万円増加した場合は，25％の125万円が税額控除されるのです（控除金額は法人税又は所得税額の20％が限度です）。

　継続雇用者とは，前事業年度の期首から適用事業年度の期末までのす

154

第6章　助成金の節税処理と効果的な使い方

べての月分の給与等の支給を受けており，雇用保険の被保険者（高年齢
雇用安定法に定める継続雇用制度の対象者は除く）を指します。

　外部セミナーの参加費用など教育訓練に関する費用が前年度と比較し
て10％以上増加していれば，法人税の控除額が15％から25％にアップ
します。

対象となる教育訓練

法人が教育訓練を自ら行う場合	・外部から講師や指導員を招聘し，支払う報酬や料金，謝金その他これらに類する費用 ・教育訓練のために賃借した施設・設備の使用料
他の者に委託して教育訓練を行う場合	・教育訓練等のために他の者に対して支払う費用
他の者が行う教育訓練に参加させる場合	・教育訓練等にかかる費用

　確定申告の際に次の事項を記載した明細書を添付することが必要で
す。

　・教育訓練等の実施時期
　・教育訓練等の内容
　・教育訓練等の対象となる国内雇用者の氏名
　・その費用を支出した年月日，内容およびその金額ならびに相手先の
　　氏名または名称が明記された領収書等

　人材開発支援助成金と合わせてこの減税制度を利用できれば，企業は
社員教育に関する費用を大幅に削減できます。キャシュフローに余裕が
ない中小企業は，是非利用したい仕組みです。

155

対象とならない費用

なお下記に関する費用は，教育訓練費として含めることができませんので留意してください。

・法人等がその使用人又は役員に支払う教育訓練中の人権費
・教育訓練等に関連する旅費，交通費，食費，宿泊費，居住費（研修の参加に必要な交通費やホテル代，海外留学時の居住費等）
・福利厚生など教育訓練以外を目的とする場合の費用
・教材の購入・製作に関する費用

第6章　助成金の節税処理と効果的な使い方

3. 退職金制度や法人生命保険の導入による節税対策

　中小企業には，退職金制度を設けていない会社も多くあります。厚生労働省の「就労条件総合調査」によると，30〜99人以下の会社では，28％の会社に退職金制度がないという結果が出ています。退職金制度は労働基準法等で定められているものではなく，制度を導入するかどうかに関しては会社側の自由となっています。退職金制度がない理由として，原資不足が挙げられていますが，助成金が支給されたことにより，キャッシュフローが改善されれば，退職金制度の導入を提案することをお勧めします。退職金制度のあるなしでは，採用の競争力が変わってきます。また一般的に退職金は，3年以上在籍した社員に対して支給されるという規定を定めていることが多いため，定着力が高まります。

（1）中退共は経営者にとってメリットが大きいがデメリットもある

　退職金を導入する際に真っ先に候補として挙がるのは，中小企業退職金共済（以下中退共）です。中退共制度は，中小企業の相互共済と国の援助で退職金制度を確立し，これによって中小企業の従業員の福祉の増進と雇用の安定を図り，企業の振興と発展に寄与することを目的として，昭和34年に「中小企業退職金共済法」に基づき設けられました。原則として従業員全員が加入しなければなりません。会社は，従業員の掛金を決め，毎月中退共に納めるだけでよく，事務作業や，手数料，運用リスクによる追加出費は発生しません。新規加入時や掛金増額時に国から掛金の助成を受けることができるのが魅力です。またパートタイマーなどの有期労働者も加入できます。

　短時間労働者の場合は，特例掛金として2,000円，3,000円，4,000円の定額の掛金月額が用意されています。

157

国の助成制度

● 新規加入掛金助成

中退共制度に新たに加入する事業主には，加入後4か月目から，従業員1人当たりの掛金月額の2分の1（上限5,000円）を1年間国が助成してくれます。短時間労働者の特例掛金（掛金月額4,000円以下）加入者については，（1）に記した次の額を上乗せして助成します。

掛金月額2,000円の場合は300円，3,000円の場合は400円，4,000円の場合は500円

> ※ただし，次に該当する事業主は，新規加入助成の対象にはなりません。
> 同居の親族のみを雇用する事業主
> 社会福祉施設職員等退職手当共済制度に加入している事業主
> 解散存続厚生年金基金から資産移換の申出を希望する事業主
> 特定退職金共済事業を廃止した団体から資産引渡の申出を行う事業主

中退共のメリット

● 月額変更（増額）助成

18,000円以下の掛金月額を増額変更する場合は，増額分（増額前※と増額後の掛金月額の差額）の3分の1を1年間国が助成します。20,000円以上の掛金月額からの増額は，助成の対象にはなりません。

掛金の全額を損金算入することができるため，節税効果があることも中退共の魅力的な点です

中退共のデメリット

国の助成や節税効果がある中退共ですが，デメリットもあります。途中解約ができるのは，従業員による同意が得られた場合，または掛金の納付を継続することが困難であると厚生労働大臣が認めたときに限られます。事業主の判断により途中解約することはできません。途中解約し

第6章　助成金の節税処理と効果的な使い方

た場合でも，解約金は掛金を支払っていた事業主ではなく，全額従業員に支払われることになります。

　中退共制度は退職理由を問わず，退職金が従業員に直接支払われます。企業の経営者が，中退共の導入に最も躊躇するのがこの点です。従業員を懲戒解雇する場合でも退職金を全額カットすることはできません。退職金の減額をすることはできますが，厚生労働大臣に対し，退職金減額の認定申請をしなくてはいけません。退職金の減額が認められた場合でも，その減額した分が事業主に返金されることはありません。また勤務○年以上の従業員に支給するといった自由な設計ができず，1年以上，勤務した社員は加入しなければならい点もデメリットといえるでしょう。

(2) 生命保険で退職金制度を作る

　生命保険を使って退職金制度を作る方法もあります。生命保険の中にも色々な種類がありますが，一般的には養老保険という貯蓄性の保険を利用します。保険期間中に被保険者に万一があったら「死亡保険金」を受け取れます。満期がくれば「満期保険金」を受け取れます。死亡保険金と満期保険金は同額です。養老保険で従業員の退職金の積み立てるには，満期をたとえば「60歳」など，従業員の退職時期に合わせておきます。そして，満期保険金を退職金に充てるのです。

　養老保険の場合，解約すればお金（解約返戻金）が会社に戻ってきますので，中退共のように無条件で従業員の手に入るような問題は生じません。退職金規程に定めておけば，勤続年数に応じて差を付けたり，懲戒解雇の場合は支給しなかったりすることもが可能です。ただし2017年4月以降，養老保険は利率が抑えられてしまい，ほとんどの保険会社の商品では，支払った保険料総額よりも低い額しか積立ができなくなっ

159

てしまいました。この点では中退共よりも劣ります。さらに掛け金も1/2しか損金と認められませんので，節税効果という点でも中退共よりも魅力は薄いでしょう。

社長の退職金を生命保険で作る

　社員の退職金を生命保険で設定するメリットは少ないことに対して，社長の退職金制度を作る上では有効です。社長は中退共に加入することができないからです。後継者不足により，企業の寿命は短くなってきております。将来に不安を感じる社長は多いかと思われます。

　社長の退職金作りに最適なのは，逓増定期保険（法人専用に設計された保険金が当初の5倍にまで増えていく）と長期平準定期保険です。昨今，保険の利率が下がっていることから退職金を保険で用意すること効果はあまりないという意見もありますが，個人的にはそう思いません。理由として中小企業の社長は，JCやロータリークラブなどの団体に加入していることも多く，交際費などで意外とお金が残らない人もいます。社員用の退職金制度に，社長は入らないことが多いですし，なかなか給料から貯金をしようとしてもついお金を使ってしまうことがあります。さらに生命保険には，契約者貸付という機能があるため，不意にまとまった現金が必要となった際，支払ったお金の範囲でお金を借りることができるからです。生命保険については，知り合いの税理士に相談するとよいでしょう。法人保険を扱っている税理士は多く，生命保険の営業担当者を紹介してくれます。中には保険代理店の資格を持っていて自ら生命保険の販売を行っている人もいます。ただし保険会社からマージン等を貰い，特定の商品を売ることに注力している方もいますので，別な保険会社の営業担当者のセカンドオピニオンも聞いてみる必要があります。

（3）中小企業倒産防止共済

　中小企業倒産防止共済制度は，取引先事業者が倒産した際に，中小企業が連鎖倒産や経営難に陥ることを防ぐための制度で経営セーフティ共済とも呼ばれています。無担保・無保証人で掛金の最高10倍（上限8,000万円）まで借入れでき，掛金は損金または必要経費に算入できる税制優遇も受けられます。中小企業倒産防止共済は，1年以上継続して事業を行っている中小企業が加入対象となっています。加入する際には，金融機関や商工会議所，商工会などが窓口となっています。

　なおこうした節税対策を知識として知っておくと有効ですが，必要以上に節税を行うとキャッシュフローが悪化し，経営に影響を及ぼす恐れがあることも認識しておいてください。顧問先の業績もよくかつ助成金の申請が順調に進み，想定外に利益が出たという際に提案してください。本業の利益があまり出ていない段階で節税に走るのは得策ではありません。

助成金以外にも収入の柱を持つ　コラム

　士業向けのセミナーなどに行くと，専門分野をアピールすることを勧められます。「ただ社労士と名乗るよりも助成金専門の社会保険労務士と名乗ったほうが訴求力はありますよ」と言われることもあるかと思います。この言葉を真に受け助成金だけで業務を行うと考える人もいるかと推測されますが，リスクはあります。助成金は申請してから支給決定までかなりの期間があり，現在では半年から1年間位期間を要します。成功報酬で受託した場合，支給決定がでるまでお金が1円まで入ってこないわけですから，資金繰りに行き詰まってしまいます。

　助成金申請のプロとして詳しくなることは必要ですが，もう一つ収入の柱となるものを見つける必要があります。助成金の申請と相性がよいのは，就業規則の改訂および作成です。助成金申請代行業務の主な対象となる中小企業や零細企業では，就業規則がなかったり，あっ

ても以前ネットからダウンロードしたひな型を使いまわしている会社が多いからです。いきなり就業規則の改訂の提案をしても受け入れられる可能性は，低いでしょう。お金と時間をかけて就業規則を作成する必要があるという認識を経営者に理解してもらう必要があります。顧問契約の締結が最終ゴールです。「助成金をドアノックに顧問契約の獲得顧問契約獲得」という話はよく聞きますが，なかなか容易なことではありません。幸いなことに昨今，働き方改革の一環として残業時間の削減や同一労働同一賃金の導入が求められております。こうした施策の相談相手として顧問契約まで進めるようにしたいものです。

　あくまでも個人的な感想ですが，助成金申請代行業務というのは，社会保険労務士業務の中であまり評価されない業務のように思えます。10人以上の社会保険労務士が在籍する大手の社会保険労務士事務所であれば，代表やエース級の社員が3号業務（労務相談）やセミナー講師，社会保険労務士歴10年以上のベテラン社員が事務スタッフを束ね手続き業務や給与計算チームの責任者となっています。助成金については若手社員が担当しているといった状況をよく目にします。とはいえ，助成金は売り上げ的には，実績を作れる業務です。例えば，本書で説明した人材開発支援助成金の特定訓練コースは，1事業所あたり年間1000万円の申請が可能です。キャリアアップ助成金の正社員化コースでは20人までの申請ができるので中小企業であれば，57万×20人の1140万円が申請できます。それぞれ成功報酬を15％とすれば，着手金と合わせて1社あたり年間で300万円以上の売り上げを確保できることになります。個人事務所であれ，法人事務所であれば，売り上げは重要です。法人であれば，売り上げを上げている人が評価に繋がりますし，個人事務所であれば一定額の売り上げがなければ事務所を継続していくことができません。

第7章
助成金ビジネスを成功させるための5つのポイント

この章では助成金の申請代行を成功させるための注意点について説明します。助成金の申請代行は，社会保険労務士としての実務経験が浅くても取り組めるといった声も聞きますが，なかなか奥行きが深いものがあります。片手間でできる業務ではありません。

1. 業務委託契約の締結

　助成金申請代行の依頼を企業から受けたら，まず見積書を提出します。依頼された企業に合意を貰ったら，業務を開始する前に業務委託契約書の締結してください。助成金の受注パターンには次の3種類があります。

(1) すでに顧問契約を結んでいる企業から助成金の申請代行を受注する
(2) 助成金の申請代行と別に顧問契約も同時に結ぶ
(3) 社会保険労務士の紹介やセミナー開催により助成金の申請代行業務だけを受注する

　(1) の場合はすでに締結した契約書があるかと思われますので，その内容を確認してみてください。内容は，給与計算や労働保険，社会保険の代行申請手続き，労務相談だけで助成金の申請代行が含まれていなければ，新たに業務委託契約書を締結します。現状の契約書を改定するよりは，新たに業務委託契約書を結んだほうがよいでしょう。助成金の申請代行業務は，申請してから受給決定までの期間が長い，会社都合の解雇が発生すると申請が無効となる等の特色があるからです。契約書を別立てにしたほうが，責任範囲が明確になり余分なトラブルを避けることができます。

　業務委託書には，目的（範囲），契約期間，業務委託料，支払いの時期および方法などを明記します。業務委託契約書を締結してから実際の業務を進めるようにします。個人情報や生産性要件のための財務情報を扱うため，秘密保持契約書も併せて締結するとよいでしょう。

164

第7章　助成金ビジネスを成功させるための5つのポイント

················· **業務委託書のサンプル** ·················

第1条　目的

甲と乙は，人材開発支援助成金の申請業務の委任委託に際し，この契約書に従い，これを遂行しなければならない。

2. 甲は，乙が業務を委託するにあたり，必要な情報・書類を速やかに提供しなければならない。

第2条　契約期間

本契約の有効期限は，契約締結の日から○○年○○日までとする。

第3条　契約の解除

甲乙双方は以下の各号のいずれかに該当する場合，直ちに本契約を解除することができる。また，甲または乙は，以下の各号のいずれかに該当することによって相手方に損害が生じた場合には，相手方が被った損害を賠償しなければならない。

（1）本契約に違反したとき

（2）相手方に信用を傷付けたとき，または不利益をもたらしたとき

（3）支払いが停止したとき，または手形交換所の不渡処分があったとき

（4）差し押さえ，競売，強制執行等公権力の処分を受けたとき

（5）破産，民事再生，会社更生の申し立てがなされ認められたとき

第4条　報酬額

第1条の業務に関する甲の乙に対して支払う業務委託報酬額は次の通りとする。

①計画届提出後：○万円（消費税別途）

②助成金の入金時（手続き報酬として）：甲が受けた助成金交付額の○％

165

第5条　費用負担

業務の遂行に必要な費用（甲社での打ち合わせに要する交通費等）は，乙の負担とする。ただし，甲の負担とすることを事前に甲が承諾した費用については甲の負担とする。

第6条　支払方法

本請負の目的である助成金等を甲が受給した場合，甲は速やかに乙に報告するとともに，乙が発行する請求書により，甲は乙の指定する銀行の口座への振り込みにより翌月末日までに支払う。ただし支払期日が銀行休業日にあたる場合は翌営業日とする。

第7条　守秘義務

乙は，社会保険労務士法第21条（秘密を守る義務），第27条の2（使用人等の秘密を守る義務）に基づき，業務上入手した甲に関する情報に関し，乙は，本契約中はもとより本契約終了後も第三者（家族，知人を含む）に漏らし，又は盗用してはならない。

第8条　反社会的勢力の排除

1. 甲及び乙は，暴力団等反社会的勢力との関係ないし関与の事実がないことを表明保証する。なお，暴力団等反社会的勢力との関係ないし関与の事実には，次の各号に掲げる場合を含むものとする。
   (1) 甲および乙の関係者が暴力団，暴力団員又はこれらに準ずる者である。なお，甲および乙の関係者は，その役員，甲および乙の関連会社（財務諸表等の用語，様式及び作成方法に関する規則に定義された意味を有する。以下，本条において同じ），その役員を含むものとする。
   (2) 暴力団等反社会的勢力が甲および乙の関係者の経営に関与している。

第7章　助成金ビジネスを成功させるための5つのポイント

(3) 甲および乙の関係者が暴力団等反社会的勢力に資金提供その他の行為を行うことを通じて暴力団等反社会的勢力の維持若しくは運営に協力若しくは関与している。

(4) 甲および乙の関係者が暴力団等反社会的勢力と交流を持っている。

(5) 甲および乙の関係者が市民社会の秩序や安全に脅威を与え健全な経済活動や社会の発展を妨げている。

(6) 甲および乙の関係者が貸金業法第24条第3項に定義される取立て制限者である。

2. 甲または乙の前項による表明保証の内容が真実または正確でなかった場合には，相手方は，これにより被った損害，損失及び費用（合理的な弁護士費用を含む）の賠償及び補償を請求することができる。

第9条　協議解決

本契約に規定のない事項および契約内容変更ならびに解釈に疑義が生じた場合については，その都度，甲乙協議して解決するものとする。

第10条　合意管轄

甲，乙は，万一，前条にて解決せず，紛争が生じた場合は，この契約に関する訴訟の管轄裁判所を東京地方裁判所および東京簡易裁判所とする。

上記契約の成立を証するため，本契約書は2通作成し，甲，乙それぞれ記名押印の上各1通を所持するものとする。

167

············ 秘密契約保持書のサンプル ············

　株式会社○○（以下「甲」という）と社会保険労務士○○（以下「乙」という）とは，甲乙間で締結した業務委託契約書（以下「業務委託契約契約」という）に基づき以下の通り契約を締結する。

第1条（定義）

　本契約でいう情報とは，文書・口頭・その他媒体を問わず本目的に関し甲または乙から相手方当事者に対して開示または提供された一切の情報，およびこれに基づき作成された資料，ならびに本目的遂行の過程において甲または乙が知り得た相手方の企業秘密その他の情報をいう。

第2条（秘密保持）

　本契約における情報は，本目的に必要な範囲内で甲乙各々の役員もしくは従業員に開示する場合を除き，相手方の書面による事前の承諾なくして，第三者に対しこれを開示してはならないものとする。但し，以下の情報は含まれないものとする。

　①開示された時既に公知となっていたもの

　②開示された時既に自己が保有していたもの

　③適法かつ正当に第三者から開示されたもの

　④開示ないし提供された後で開示を受けた者の故意または過失を原因とせず公知となったもの

2. 甲および乙は，法令により公的機関に対して情報を開示することが要求されるときは，事前にその旨を相手方に通知したうえ情報を開示することができるものとする。但し，事前の通知が困難な場合には情報開示後速やかにその旨を相手方に通知すれば足りるものとする。

第7章　助成金ビジネスを成功させるための5つのポイント

第3条（情報の管理・使用制限および複製）

　　甲および乙は，本契約における情報を善良なる管理者の注意をもって保管および管理するものとし，当該情報を開示ないし提供した相手方の文書による事前の承諾を得ることなく，これを本目的以外に使用及び複製してはならないものとする。

　2. 甲および乙は，情報の複製物についても本契約における情報として取り扱うものとする。

第4条（第三者等に情報を開示・提供した場合）

　　甲および乙は，相手方の書面による事前の承諾を得て情報を第三者に開示ないし提供した場合には，当該第三者をして本契約に定めるのと同一の秘密保持義務を負わしめて，これを遵守させるものとする。

第5条（情報の返還）

　　甲および乙は，相手方より開示ないし提供された情報について，相手方の要求がある場合，速やかに返還または破棄するものとする。

第6条（損害賠償）

　　甲または乙は，本契約に違反したことによって相手方に損害が生じた場合には，当該違反行為の差止ができ，またそれにより相手方が被った損害の賠償をしなければならない。

第7条（有効期間）

　　本契約は，助成金に関する業務委託契約に定める有効期間と同一とし，当該契約が解約となった場合は，本契約も自動的に解約されるものとする。

　2. 本契約第2条および前条の規定は，本契約の終了または解約後も有効に存続する。

169

上記契約の成立を証するため，本契約書2通を作成し，各自記名捺印のうえ甲乙各1通を保有する。

　業務委託書の第6条にある「支払方法」については，口頭で改めて念押しすることをお勧めします。申請した助成金の支給決定通知は，事業主にのみに届くからです。労働局から社労士には連絡が入りません。窓口で確認すれば支給決定の時期については教えてくれますが，支給決定の可否や受給金額までは開示してくれません。個人的な経験を述べると大半の事業主は，助成金の支給されたことを知らせてくれましたが，こちらから催促しないと教えてくれなかったお客様も何社かあったからです。スポット契約のお客様でしたが，電話してもメールを送っても返信がこなくなったこともありました。助成金に限ったことではありませんが，スポット契約のお客様についてはお金の回収までが円滑にいかないこともあります。

【損害賠償保険に加入することを忘れない】
　なお開業されている社会保険労務士なら，損害賠償保険に加入していることと思われますが，まだでしたら加入してください。
　全国社会保険労務士連合会連合会共済会のホームページから，社会保険労務士賠償責任保険のパンフレットを入手できます。社会保険労務士賠償責任保険は，社労士業務上で生じた事故により損害賠償請求を受けたときに支払われる補償制度で，支払い限度額によってその保険料は変わってきます。東京海上日動火災保険株式会社のパンフレットを見ると，助成金は46％と受託業務別の発生割合の一位となっています。

2. 着手金の必要性

　助成金の代行業務の特徴は，契約から入金までの期間が長いことです。概ね計画届の提出から支給決定まで1年間位かかります。計画届や支給申請書の提出以外にも就業規則の改訂や日報のチェックなどの実務に取り組む必要があります。依頼先企業や役所への移動交通費，書類の郵送費などもかかります。つまり助成金の支給決定までは出費だけが発生するのです。したがって助成金の代行業務だけを依頼された場合は，着手金という名目の報酬を初期の段階で貰っておくことが大切です。着手金なしで成功報酬を高めに設定している社会保険労務士事務所も見かけますが，資金的に余裕がある事務所でないと難しいでしょう。また助成金の申請業務は，依頼先の企業の協力が不可欠なため，最初にお金をいただいたほうが協力を得やすいとも言えます。ある程度，お金を払わないと人は本気にならない面があるからです。ただし毎月の顧問料を頂いている顧問先からは貰いづらい面もあります。

　着手金は，契約締結直後よりも計画届が受理された後で請求することをお勧めします。計画届が受理されれば，後は受注先企業の努力次第で助成金を受給できる可能性が高まるからです。着手金という言葉に抵抗を示す経営者もいるので，計画届の提出代行料という名目にすると納得してくれることもあります。

　着手金の額は，助成金支給額の5〜10％が妥当でしょう。キャリアアップ助成金の正社員転換コース（中小企業の場合57万円支給）の場合は，3〜5万円となります。

171

不正に巻き込まれない強い心を持つ

着手金は重要ですが，申請代行業務の過程で不正行為に巻き込まれないようにしてください。一部ではありますが，助成金に興味を示す事業主の中には，企業モラルに欠ける方もいらっしゃいます。雇用契約書の日付を改定，賃金台帳や出勤簿の編集などを提案されることがあるかもしれません。これらの行為は犯罪ですので絶対にやらないでください。前にも述べたように助成金の申請に係る社会保険労務士の評価が高くないこととしてこうした行為がゼロではないことも一因かと思われます。違反行為は助成金の申請だけに限りませんし，社労士以外の士業でも皆無ではありません。ただ助成金の不正申請とは，ニュースなどで取り上げられることもあり，印象に残りやすい傾向があります。

最初の面談時に助成金の申請のためには，各種必要提出しなければならない書類があり，これらは決して改竄できないものであることを伝えましょう。どうしても納得して貰えない場合は，敢えて依頼を断る勇気を持ちましょう。

全国社会保険労務士会連合会が発行している社会保険労務士に求められる職業倫理「倫理研修テキスト（別冊）」には，助成金コンプライアンスチェックリストに定められています。筆者自身も横に置き，肝に銘じるようにしています。

172

第7章　助成金ビジネスを成功させるための5つのポイント

助成金に関する基本的認識

不正受給を犯さない為の心がけ	社会保険労務士が助成金の不正受給に関与する背景には，意識・無意識に関わらず，当然，社会保険労務士の顧客獲得や顧問契約の獲得といった経営的・経済的意図があることを承知し，これに適度に捉われていると不正受給に陥りやすいと自らを戒めている。
	依頼者の助成金要求は理解するものの，助成金のために人員計画があるのではなく，助成金は合理的計画を達成するための契機や一助とするものであるから，雇用の専門家である社会保険労務士としては，経営にとって，その人員計画が真に合理的であるか否かを，まずは大所高所からアドバイスすべきであると心得ている。
	助成金申請については，概して多くの専門知識を必要とし，しかも，再三変更される。助成金の申請業務に関する制度や法令の理解不足が不正受給の基礎的な原因をなしているので，常に情報収集や，資料の読み込みなど研鑽を怠らない。
	不正受給を犯すと，社会保険労務士業の廃業や，極めてシビアな経営危機に直面することを十分認識している。
社会保険労務士倫理に関する法令・規定の知識	社会保険労務士法第1条（目的），第1条の2（社会保険労務士の職責），第26条（名称の使用制限）及び，27条（業務の制限）に規定する社会保険労務士の権利と義務について十分理解し，責任の重さを十分に理解して，助成金業務に従事している。
	社会保険労務士法，及び，関連政省令を十分に理解し，遵守している。
	全国社会保険労務士会連合会編「社会保険労務士法詳解」の最新版を手元に置いている。
	社会保険労務士倫網領を十分理解している。
	他士業や一般市民からの目をいつも意識している。

　2019年の4月から雇用保険法が改正され，厚生労働省関連の助成金の不正受給に関する罰則が強化されました。不正受給をした事業主にたいする不支給期間が3年から5年に延長されました。不正を行った社労士も併せて5年間，助成金の支給申請ができなくなります。したがって今まで以上に注意する必要があります。

173

3. スケジュール管理と書類を収集するコツ

　スケジュール管理で重要なのは，いかに顧客である企業に対して必要な書類収集に協力して貰うかです。顧客にスケジュール感を理解して貰うためには，独自の資料なども用意しておくとよいです。厚生労働省のパンフレットは，助成金の説明には適していますが，いつまでに何を用意しなければならないかが把握しづらいです。

　また支給の際の要件となる起算日や締切期日は念入りに確認してください。賃金支払日を起算日とする助成金が多いですが，支払日が土日祝日ですと賃金が前倒しで支払われ，締切りも早まります。

　各種の計画書なども顧客に作成して貰うように依頼するだけでなく，雛形を提供してあげると円滑に進みます。ただし提供した雛形のまま提出すると「企業の実態と合っていない」という指摘を受ける恐れがあります。必ず企業独自のものを記入して貰うようにしてください。助成金の申請書類の大半は，事業主の代表印（角印不可）や従業員の印または署名が必要です。会社によっては，社長が代表印を持ち歩いているようなケースもありますので，余裕を持ったスケジュールを組む必要があります。また申請書類の記載方法が，要求されるフォーマットとかけ離れていると再提出を要求されることがあります。何度も代表印を貰にいくと信用を失ってしまいます。作成した書類に自信がなければ，押印を貰う前に助成金の申請窓口で確認して貰ったほうがよいでしょう。

【キャリアアップ助成金正社員コース　顧問先との役割分担表】

	顧問先にやっていただくこと	社労士が行うこと
有期労働者として雇用する期間（6月〜12月）	正社員転換に向け，就業規則等の転換制度に規定した面接試験等を実施する。	・正社員転換を実施する日までに，キャリアアップ計画書を作成し管轄労働局長の認定を受ける。 ・就業規則への追記「試験の手続き，対象者の要件，転換実施時期」を規定する。 ・転換前の雇用契約書や労働条件通知書について確認作業を行う（必要に応じて作成の助言をする）。
転換日	正社員転換後の雇用契約書や労働条件通知書を労働者に交付。	
正社員後転換後の6月		転換後の雇用契約書や労働条件通知書を受領し，確認作業を行う。
支給申請	必要書類に代表者印などを押印し，期日までに社会保険労務士へ郵送する。	申請書類を作成し，レターパックで郵送（返信用の封筒を同封）。

　会社都合の解雇があると駄目になるといった必要要件を改めて伝えることも必要です。契約時に説明しても失念している恐れがありますので，書面などを渡して注意して貰ったほうが，後で「言った，言わないと」ことにならないので確実です。

‥‥‥‥ 顧問先と交わす要件事項のサンプル（正社員コース）の場合 ‥‥‥‥

キャリアアップ助成金（正社員化コース）の支給要件
助成金の受給のためには，下記を守っていただく必要があります。

1	雇用保険適用事業所ごとに，キャリアアップ管理者を置いている事業主であること。	☐
2	雇用保険適用事業所ごとに，対象労働者に対し，キャリアアップ計画を作成し，管轄労働局長の受給資格の認定を受けた事業主であること。	☐
3	キャリアアップ計画期間内にキャリアアップに取り組んだ事業主であること。	☐
4	有期契約労働者等を正規雇用労働者または無期雇用労働者に転換する制度を労働協約または就業規則その他これに準ずるものに規定している事業主であること。	☐
5	転換後6か月以上の期間継続して雇用し，転換後6か月分の賃金を支給した事業主であること。	☐
6	転換日の前後6か月間に，雇用保険被保険者を解雇等事業主の都合により離職させた事業主以外の者であること。	☐
7	転換日の前後6か月間に，特定受給資格者となる離職理由のうち離職区分1Aまたは3Aに区分される離職理由により離職した者の数を，当該事業所における当該転換を行った日における雇用保険被保険者数で除した割合が6％を超えている事業主以外の者であること。	☐
8	正規雇用労働者または無期雇用労働者に転換した日以降の期間について，当該者を雇用保険の被保険者として適用させている事業主であること。	☐
9	正規雇用労働者または無期雇用労働者に転換した日以降の期間について，当該者を社会保険の被保険者として適用させている事業主であること（無期雇用労働者の場合は条件を満たす場合のみ）。	☐
10	転換後6か月間の賃金を，転換前6か月間の賃金より5％以上増額させている事業主であること。	☐
11	転換後の基本給や定額で支給されている諸手当を，転換前と比較して低下させていない事業主であること。	☐

（平成　　年　　月　　日）

事業所名　　　　　　　　　ご担当者　　　　　　　　　様

担　当　者

第7章　助成金ビジネスを成功させるための5つのポイント

　もちろん社会保険労務士事務所内でのスケジュール管理も大切です。助成金の申請業務は，単独ではなく，複数人で行うことが多いと思われます。法人事務所であれば，社会保険労務士と事務員，個人事務所であれば提携している社会保険労務士と進捗情報を共有する必要性があります。ドロップボックスなどの外部からもアクセスできる場所にスケジュール表をおけば，情報共有がしやすいでしょう。

助成金申請上のヒヤリハット　　コラム

　筆者は助成金の申請上，大きな失敗はありませんが，冷や汗をかいたことがあります。以下，その失敗例を紹介します。

■申請書のデータは変更される

　キャリアアップ助成金の正社員コースや人材開発支援助成金のように毎年，定期的に依頼がある助成金の場合，過去の申請書を加工して利用できれば効率的です。年度が変わる，あるいは年度の途中でも申請書の書式が変更されることもあります。書式が古いと再提出となってしまいます。事業主の押印が必要な書類の場合は，再度，押印を依頼することになってしまい，信頼を失ってしまいます。必ずデータが更新されていないかを確認しましょう。各助成金で共通の「様式1号の支給要件申し立て書」，生産性の要件確認シートなども更新されることがあります。注意してください。

■不慣れなうちは電話よりも窓口に行ったほうがよい

　助成金についての疑問点を電話で確認する際は，助成金の種類やコースのほか，何年度のことかまでを明確に伝えるようにします。何度か述べているように助成金の内容は，毎年変わるからです。注意しなければならないのは，計画届の提出時期によって前年度の内容が適用されることです。質問する際，曖昧にしていると違う年度の答えが返ってきてします。回答する側もベテランの方ですと，気を利かして色々と確認してくれるのですが，配属されて間もない人ですと詳細を

177

確認しないで回答することがあります。回答した人の名前を記録し，再度，別な人に確認する方法もあります。

　時間と経費はかかりますが，パンフレットや申請用紙を持って窓口で確認したほうが，正解にたどり着ける可能性があります。（昭和的な発想ですが）何度か足を運べば，助成金窓口の人から熱意を買われ，パンフレットに載っていない事項，載っていても誤読しやすい注意事項を教えていただけるようなこともあります。

■提出する用紙は加工しない
　同時時に多数の会社の助成金を扱っていた時期，申請用紙を判別するために会社情報等を記したフッターを追加していました。「申請用紙を加工するのは駄目だ」と窓口で受け取りを拒否されました。再度，事業主に頭を下げて代表印を貰ったという苦い思い出があります。その他，改ページの位置や用紙のサイズ（通常A4で統一）なども変更するのはよろしくありません。両面プリントなども受理しない方もいますので注意する必要があります（両面プリントでないと受付けないこともあります）。
　申請用紙だけでなく，出勤簿や賃金台帳などの添付書類も同様です。見やすいように抜粋，あるいは加工すると改竄したと見なされる恐れがあります。当然，助成金の申請も却下されるほか，指導の対象となる恐れもあります。

■就業規則の文言はできるだけ見本通りのほうが無難
　助成金申請のために必要な就業規則の改訂文言は，パンフレットに載っているケースが多いです。掲載されている文言は，回りくどかったりすることがあります。専門家としての存在を示すために編集したりしたくなります。助成金の申請を目的とするのであれば，見本通りとするほうがよいです。法律的な解釈が同じでも，言い回しなどで指摘を受けることがあるからです。

第7章　助成金ビジネスを成功させるための5つのポイント

4. 窓口での対応（応酬話法）

　社会保険労務士の中には，助成金の申請を避ける方がいらっしゃいます。支給申請から決定までの期間が長いので資金繰りの目途が立ちにくいなどの理由がありますが，最も多いのは都道府県の窓口によってローカルルールが存在し，必要書類等が異なることかと思われます。同じ都道府県でも担当者によって要求される書類が異なることがあります。

　各種助成金のパンフレットを見ると必要書類の一覧を記したページに次の文言が書かれています。

「これらの書類のほかに，労働局長が書類の提出を求める場合があります」

　1ヶ月に申請したときは，必要なかった書類を「添付しないと受理できない」などと言われることがあります。申請書類については作り直せばよいですが，添付書類については顧問先に依頼しないと用意できないこともあります。例えば正社員用を対象とする助成金にも関わらず非正規社員の就業規則を提出しろと言われたりするケースです。

　思わず頭に血が上ってしまい声を荒立てしまうことがあるかと思われます。実際，申請の窓口で口論している現場を見かけます。想定外の書類を要求されたらどうすればよいか，まずは深呼吸した後，なぜ前回，必要でなかった書類が必要なのか，冷静な口調で説明を求めましょう。窓口担当者を論破するのは得策ではありませんが，すべて言うことを聞いていたのでは，依頼主の負担も大きくなり何のためにお金を払っているのか，依頼する意味がなくなってしまいます。

担当者によって対応が異なる理由

　担当者によって要求される書類が異なるのは，窓口に配置される職員の方に非正規雇用の方もいるということも理由の一つです。もちろん非

179

正規雇用の方でも業務に精通した人もいらっしゃいますが，配属された直後で知識が浅い人もいます。こうしたことが背景にあるため，対応差が生じます。

【対策】

・同じ助成金でも都道府県によって申請に必要な書類が異なることがあります。事前に確認しましょう。

・申請の際には，支給要件が明記されたパンフレット等を持参しましょう。想定外の書類の提出を要求されたらなぜその書類が必要なのか確認してみましょう。

・労働局主催の助成金セミナーには可能な限り参加しましょう。セミナーに参加するだけでなく，名刺交換などできれば，顔と名前を憶えて貰えます。

・申請書類の不備や過不足で受理して貰えなかった場合，次回は同じ担当者に診て貰えるようにしましょう。きつめの指摘を受けたときはその担当者を避けたくなる気持ちは分かりますが，別な担当者に診て貰った場合，新たな指摘を受け再度のやり直しとなる恐れもあります。気持ちを切り替え2回で終わるようにどうすれば受理して貰えるか真摯に相談しましょう。

　助成金の支給申請は2018年から郵送でも対応して貰えるようになりましたが，申請に慣れるまでは窓口に持参することをお勧めします。電話だけで説明を受けるよりは，対面で話を聴いたほうが理解できるからです。いずれにせよ，余裕を持ったスケジュールを組むことが肝要です。助成金の支給申請可能な期間は2ヶ月であることが多いです。最初の1ヶ月で必要な書類を収集し，できるだけ早めに窓口へ持参するようにしましょう。

180

第7章　助成金ビジネスを成功させるための5つのポイント

5. 助成金の変更情報を収集するためには

　助成金業務を敬遠する理由のもう一つの理由は，制度上の変更が多いというのもあるかと思われます。新設，廃止される助成金がある上，継続している助成金でも内容上の変更があります。例えばキャリアアップ助成金の正社員コースでは，2017年度の9月で東京都の加算が締め切きられ，2018年度からは正社員転換後に5%の賃金アップが支給の要件となりました。顧問先の事業主からすると「そんな話，聞いていないよ!」ということになります。さらに社会保険労務士という特性上，1社あたりの単価がそれほど高くないので売上や収入を確保するには，相当数の顧問先を確保しなければなりません。つまり日常業務はかなり忙しいのです。その上で助成金の情報も収集するのは，なかなか厳しいものがあります。

来季の情報を事前に入手するためには

　助成金のラインナップが大きく変わるのは毎年4月です。新規の助成金が導入される一方，廃止される助成金もあります。助成金の業務は，計画届の提出や就業規則の改訂など前準備に時間がかかるため，4月から取り組んでいたらビジネスチャンスを逸してしまいます。3月末までの間に助成金の情報を入手し，廃止される助成金があれば申請する必要があります。以下のような方法で新しい助成金の情報を入手できます。

● 予算案から来季の概要を把握する

　厚生労働省のサイト上にある労働政策審議会の職業安定分科会雇用保険部会で翌年4月からの助成金の予算の概算要求を知ることができます。概算要求とは各省庁が翌年度に取り組む事業や行政サービスにいくら必要かを財務省に求めることです。通常は8月末に締め切り，財務省

181

が必要かどうかを査定し，12月末頃に予算案が決まります。予算案を見れば，どの助成金が来季も存続し，あるいは廃止されるのかが分かります。またアップされている資料の中には，○○○○要領と○○○○要綱という言葉がついていることがあります。違いは，要領のほうが要綱よりも詳細な説明がされています。

● 社会保険労務士の仲間を見つけるのが効果

　助成金の申請業務に不慣れな社会保険労務士にとってネットの情報は，何が正しいか分かりづらいといった面があると思います。ネットからは膨大な情報を入手できますが，ある程度，慣れている人でないと取捨選択ができないからです。やはりアナログな方法ですが，同じ社会保険労務士の仲間から情報を得るほうが効果的です。助成金を扱っていても得手不得手がありますので，複数人と交流しましょう。教えて貰うだけでなく，自らも情報を発信できるようにしていきましょう。隣接する都道府県で活動している社会保険労務士がいれば，他の労働局等の事情を聞くことができます。社会保険労務士会主催のセミナー，支部会主催のセミナーや懇親会に参加したら積極的に声をかけてみるとよいです。助成金に特化した勉強会などもありますので，そうした会のメンバーになるのもよいでしょう。

2019年は再び助成金ブームになる？

　政権の交代や社会のニーズにより，助成金のラインナップも変わります。最近では，次のような助成金がブームとなりました。

・2003年：定年の延長に伴う継続雇用定着促進助成金
・2008年：リーマンショックに伴う不況対策として雇用調整助成金
・2013年：教育関連助成金（キャリア形成促進助成金の制度導入コース）

第7章　助成金ビジネスを成功させるための5つのポイント

　興味深いことにほぼ5年周期で流行の助成金が登場しています。今年は，働き方改革に関連する助成金が脚光を浴びそうです。残業時間の削減のために時間外労働改善助成金（時間外労働上限設定コースまたは勤務間インターバル導入コース）を申請。その上で新規に人材採用の計画があれば，人材確保等助成金の「働き方改革支援コース」を申請できます。「働き方改革支援コース」はキャリアアップ助成金と併用できます。この3つの助成金だけで1社あたり200万円以上の助成金を企業にもたらすことができます。過去の助成金ブームに上手く乗れた社会保険労務士は，大幅に売り上げを拡大しています。この一大ビジネスチャンスを逃さないように努めていきましょう。

183

付録
各都道府県の
問い合わせ窓口

雇用関係助成金問い合わせ窓口一覧（2019年4月1日）

	施設名	所在地	連絡先	申請可能助成金
北海道	北海道労働局雇用助成金さっぽろセンター（札幌・札幌東・札幌北所管轄所掌）	〒060-8566 札幌市北区北8条西2丁目1番1 札幌第1合同庁舎3階北側	011-738-1056	・トライアル雇用助成金 ・特定求職者雇用開発助成金（障害者初回雇用コース，三年以内既卒者等採用定着コース及び生活保護受給者等雇用開発コースを除く）
			011-738-1053	・特定求職者雇用開発助成金（障害者初回雇用コース） ・障害者雇用安定助成金（障害者職場定着支援コース及び中小企業障害者多数雇用施設設置等コース）
			011-738-1043	・人材確保等支援助成金（建設分野に係るもの） ・人材開発支援助成金（建設労働者認定訓練コース及び建設労働者技能実習コース）
			011-709-2311（内線3675）	・特定求職者雇用開発助成金（三年以内既卒者等採用定着コース）
			011-738-5253	・特定求職者雇用開発助成金（生活保護受給者等雇用開発コース）
		〒060-8566 札幌市北区北8条西2丁目1番1 札幌第1合同庁舎6階北側	011-788-2294	・雇用調整助成金 ・労働移動支援助成金 ・地域雇用開発助成金 ・生涯現役起業支援助成金
			011-788-9071	・キャリアアップ助成金
			011-788-9070	・人材開発支援助成金（特定訓練コース，一般訓練コース及び特別育成訓練コース）
			011-788-9132	・人材確保等支援助成金（建設分野に係るもの以外） ・人材開発支援助成金（教育訓練休暇付与コース）
青森	青森労働局職業対策課	〒030-8558 青森市新町2-4-25 青森合同庁舎7階	017-721-2003	・特定求職者雇用開発助成金のうち第2期以降 ※上記以外の助成金のうち，両立支援等助成金の申請は青森労働局雇用環境・均等室で，65歳超雇用推進助成金の申請は（独）高齢・障害・求職者雇用支援機構で，それ以外の助成金の申請は各安定所で受付。
	青森労働局雇用環境・均等室	〒030-8558 青森市新町2-4-25 青森合同庁舎8階	017-734-6651	・両立支援等助成金 ※上記以外の助成金の申請については，青森労働局職業対策課，各安定所，（独）高齢・障害・求職者雇用支援機構で受付。

付録　各都道府県の問い合わせ窓口

岩手	岩手労働局 職業対策課分室（助成金相談コーナー）	〒020-0045 盛岡市盛岡駅西通 2-9-1 マリオス6階	019-606-3285 （直）	・障害者雇用安定助成金 ・人材確保等支援助成金（職場定着支援助成金，中小企業労働環境向上助成金，建設労働者確保育成助成金） ・キャリアアップ助成金 ・人材開発支援助成金（キャリア形成促進助成金） ・生涯現役起業支援助成金 ・企業内人材育成支援助成金 【以下は，盛岡・釜石・大船渡・二戸・久慈安定所の管内に所在する事業所のみ受付】 ・雇用調整助成金 ・労働移動支援助成金 ・特定求職者雇用開発助成金 ・地域雇用開発助成金 ・通年雇用助成金 ※上記以外の助成金の申請は，種類により，岩手労働局雇用環境・均等室または各安定所で受付。
	岩手労働局 雇用環境・均等室	〒020-8522 盛岡市盛岡駅西通 1-9-15 盛岡第2合同庁舎5 階	019-604-3010 （直）	・両立支援等助成金 ・業務改善助成金 ・時間外労働等改善助成金（テレワークコース除く） ・受動喫煙防止対策助成金 ※上記以外の助成金の申請は，種類により岩手労働局職業対策課分室（助成金相談コーナー）または各安定所で受付。
宮城	宮城労働局 職業安定部助成金 事務センター	〒983-8585 仙台市宮城野区鉄砲 町1 仙台第4合同庁舎2 階	022-299-8063 （直）	・職場適応訓練費・特定求職者雇用開発助成金・トライアル雇用助成金・人材確保等支援助成金・雇用調整助成金・地域雇用開発助成金・労働移動支援助成金・生涯現役起業支援助成金・障害者雇用安定助成金・通年雇用助成金
			022-205-9855 （直）	・人材開発支援助成金 ・キャリアアップ助成金
	宮城労働局 雇用環境・均等室	〒983-8585 仙台市宮城野区鉄砲 町1 仙台第4合同庁舎8 階	022-299-8844 （直）	・両立支援等助成金 ・時間外労働等改善助成金 ・業務改善助成金
秋田	秋田労働局 職業対策課	〒010-0951 秋田市山王3-1-7 東カンビル5階	018-883-0010 （代）	・人材確保等支援助成金 ・生涯現役起業支援助成金 ※上記以外の助成金のうち，人材開発支援助成金の申請は秋田労働局訓練室で，両立支援等助成金の申請は秋田労働局雇用環境・均等室で，それ以外の助成金の申請は各安定所で受付。

187

山形	山形労働局 職業対策課	〒990-8567 山形市香澄町3-2-1 山交ビル3階	023-626-6101 （直）	・特定求職者雇用開発助成金（三年以内既卒者等採用定着コース） ・トライアル雇用助成金（若年・女性建設労働者トライアルコース） ・人材確保等支援助成金（中小企業団体助成コース，人事評価改善等助成コース，雇用管理制度助成コース［建設分野］，若年者及び女性に魅力ある職場づくり事業コース［建設分野］，作業員宿舎等設置助成コース［建設分野］） ・人材開発支援助成金（建設労働者認定訓練コース，建設労働者技能実習コース）の申請は職業対策課で受付。
福島	福島労働局 職業対策課	〒960-8021 福島市霞町1-46 福島合同庁舎4階	024-529-5409 （直）	・取扱いなし ※両立支援等助成金の申請は雇用環境・均等室で受付。その他の助成金の申請は各安定所で受付。
茨城	茨城労働局 職業対策課	〒310-8511 水戸市宮町1-8-31	029-224-6219 （直）	・雇用調整助成金・両立支援等助成金以外の全助成金 ※両立支援助成金の申請については雇用環境・均等室で受付。
	茨城労働局 雇用環境・均等室	〒310-8511 水戸市宮町1-8-31	029-277-8294 （直）	・両立支援等助成金 ※上記助成金のみ受付。

付録　各都道府県の問い合わせ窓口

栃木	栃木労働局 助成金事務センター	〒320-0043 宇都宮市桜5-1-13 宇都宮地方合同庁舎4階	028-614-2263 （直）	・特定求職者雇用開発助成金 　（特定就職困難者雇用開発コース） 　（生涯現役コース） 　（被災者雇用開発コース） 　（三年以内既卒者等採用定着コース） 　（長期不安定雇用者雇用開発コース） 　（生活保護受給者等雇用開発コース） ・トライアル雇用助成金支給申請書 　（一般トライアルコース） 　（若年・女性建設労働者トライアルコース） ・人材確保等支援助成金全コース ・キャリアアップ助成金全コース ・人材開発支援助成金全コース 　（旧建設労働者確保育成助成金認定訓練コース，技能実習コース含む） ・障害者雇用安定助成金 　（障害者職場適応援助コース） ※65歳超雇用推進助成金，障害者作業施設設置等助成金，障害者福祉施設設置等助成金，障害者介助等助成金，重度障害者等通勤対策助成金，重度障害者多数雇用事業所施設設置等助成金は，独立行政法人高齢・障害・求職者支援機構で受付。（〒320-0072宇都宮市若草1-4-23ポリテクセンター内電話028-650-6226）
	栃木労働局 職業安定部職業対策課	〒320-0845 宇都宮市明保野町1-4 宇都宮第2地方合同庁舎2階	028-610-3557 （直）	・生産性要件に関する相談・審査の問い合わせ
	栃木労働局 雇用環境・均等室	〒320-0845 宇都宮市明保野町1-4 宇都宮第2地方合同庁舎3階	028-633-2795 （直）	・両立支援等助成金
群馬	群馬労働局 訓練室	〒371-0854 前橋市大渡町1-10-7 群馬県公社総合ビル9階	027-897-3612 （直）	・助成金の取扱なし ※各助成金・奨励金は，群馬労働局職業対策課，群馬労働局雇用環境・均等室で受付。

189

	群馬労働局 職業対策課	〒371-0854 前橋市大渡町1-10-7 群馬県公社総合ビル 9階	027-210-5008 （直）	・人材確保等支援助成金 ・人材開発支援助成金 ・キャリアアップ助成金 ・通年雇用奨励金 ※上記以外の助成金のうち両立支援等助成金以外の助成金の申請は各公共職業安定所で，両立支援助成金の申請は群馬労働局雇用環境・均等室で受付。
	群馬労働局 雇用環境・均等室	〒371-8567 前橋市大手町2-3-1 前橋地方合同庁舎8階	027-896-4739 （直）	・両立支援等助成金 ※上記助成金のみ受付。
埼玉	埼玉労働局 職業対策課	〒330-6015 さいたま市中央区新都心11-2 明治安田生命さいたま新都心ビルランド・アクシス・タワー15階	048-600-6209	・障害者雇用安定助成金（障害者職場適応援助コース）・障害者雇用安定助成金（中小企業障害者多数雇用施設設置等コース）・人材確保等支援助成金（中小企業団体助成コース） ・人材開発支援助成金（障害者職業能力開発コース）・人材開発支援助成金（若年者及び女性に魅力ある職場づくり事業コース（事業主団体経費助成））
	埼玉労働局 雇用環境・均等室	〒330-6016 さいたま市中央区新都心11-2 明治安田生命さいたま新都心ビルランド・アクシス・タワー16階	048-600-6210	・両立支援等助成金・業務改善助成金・時間外労働等改善助成金・受動喫煙防止対策助成金
千葉	千葉労働局 職業対策課	〒260-8612 千葉市中央区中央4-11-1 千葉第2地方合同庁舎4階	043-221-4393 （直）	・特定求職者雇用開発助成金 ・障害者雇用安定助成金 ・トライアル雇用助成金 ・雇用調整助成金 ・労働移動支援助成金 ・生涯現役起業支援助成金 ・地域雇用開発助成金
	千葉労働局 職業対策課 分室	〒260-0013 千葉市中央区中央3-3-1 フジモト第一生命ビルディング6階	043-441-5678	・キャリアアップ助成金 ・人材開発支援助成金（旧キャリア形成促進助成金） ・人材開発支援助成金（旧建設労働者確保育成助成金） ・人材開発支援助成金（旧障害者職業能力開発助成金） ・企業内人材育成支援助成金 ・人材確保支援助成金（旧職場定着支援助成金） ・人材確保支援助成金（旧人事評価改善等助成金） ・人材確保支援助成金（旧建設労働者確保育成助成金）

付録　各都道府県の問い合わせ窓口

東京	東京労働局 ハローワーク助成金事務センター	〒169-0073 新宿区百人町4-4-1 新宿労働総合庁舎 1~3階	【1階】 03-5337-7417	・障害者雇用安定助成金のうち，障害者職場適応援助コース（旧：訪問型職場適応援助促進助成金・企業在籍型職場適応援助促進助成金），障害や傷病治療と仕事の両立支援コース，中小企業障害者多数雇用施設設置等コース
			【2階】 キャリアアップ助成金 03-5332-6923 人材開発支援助成金 ・訓練コース 03-5332-6925 ・旧制度導入コース 03-5332-6926 ・建設労働者関連コース 03-5332-6927	・人材開発支援助成金（旧：キャリア形成促進助成金） （特定訓練コース，一般訓練コース，教育訓練休暇付与コース，特別育成訓練コース，建設労働者認定訓練コース，建設労働者技能実習コース，障害者職業能力開発コース） （建設労働者確保育成助成金） （企業内人材育成推進助成金）
			【3階】 03-5332-6924	・生涯現役起業支援助成金
	東京労働局 雇用環境・均等部企画課	〒102-8305 千代田区九段南1-2-1 九段第3合同庁舎14階	03-6893-1100 （代）	・両立支援等助成金 ・職場意識改善助成金 ※テレワークコースはテレワーク相談センター（0120-91-6479）で受付。 ・業務改善助成金
神奈川	神奈川労働局 職業対策課 神奈川助成金センター	〒231-0015 横浜市中区尾上町5-77-2 馬車道ウエストビル5階	045-650-2868 （直）	・特定求職者雇用開発助成金 （特定就職困難者コース，生涯現役コース，被災者雇用開発コース，生活保護受給者等雇用開発コース，長期不安定雇用者雇用開発コース，三年以内既卒者等採用定着コース）） ・労働移動支援助成金 ・トライアル雇用助成金（一般トライアルコース，若年・女性建設労働者トライアルコース） ・生涯現役起業支援助成金
			045-277-8815 （直）	・トライアル雇用助成金（障害者トライアルコース，障害者短時間トライアルコース） ・特定求職者雇用開発助成金（障害者初回雇用コース，発達障害者・難治性疾患患者雇用開発コース） ・障害者雇用安定助成金 ・人材開発支援助成金（障害者職業能力開発コース）
			045-270-7989 （直）	・雇用調整助成金 ・建設事業主等に対する助成金

191

			045-650-2859 （直）	・キャリアアップ助成金・人材開発支援助成金（特別育成訓練コース）
			045-277-8801 （直）	・人材開発支援助成金（旧キャリア形成促進助成金） ・人材確保等支援助成金（旧職場定着支援助成金） ・人材確保等支援助成金（旧人事評価改善等助成金） ・人材確保等支援助成金（設備改善等支援コース） ・企業内人材育成支援助成金
	神奈川労働局 雇用環境・均等部 指導課	〒231-8434 横浜市中区北仲通 5-57 横浜第二合同庁舎 13階	045-211-7380 （直）	・業務改善助成金
	神奈川労働局 雇用環境・均等部 企画課		045-211-7357 （直）	・両立支援等助成金 ・時間外労働等改善助成金
新潟	新潟労働局	〒950-0965 新潟市中央区新光町 16-4 荏原新潟ビル1F	職業対策課助成金センター 025-278-7181	・人材確保等支援助成金 ・人材開発支援助成金（特別育成訓練コースを除く） ・新潟所管内事業所が活用する各種助成金 ※上記以外の助成金の申請は，労働局他課・室，各安定所で受付。
		〒950-8625 新潟市中央区美咲町 1-2-1 新潟美咲合同庁舎2 号館	職業対策課 025-288-3508 （直通）	・生涯現役企業支援助成金（新潟所管内事業所のみ） ・障害者雇用安定助成金 　障害者職場適応援助コース 　中小企業障害者多数雇用施設設置等助成コース ※上記以外の助成金の申請は，労働局他課・室，各安定所で受付。
			雇用均等室 025-288-3527 （直通）	・両立支援等助成金 ※上記以外の助成金の申請は，労働局他課・室，各安定所で受付。
富山	富山労働局 助成金センター	〒930-0008 富山市神通本町1-6-9 MIPSビル	【6階】 職業対策課 076-432-9162 （直）	・特定求職者雇用開発助成金 ・トライアル雇用助成金 ・生涯現役起業支援助成金 ・障害者雇用安定助成金 ・人材開発支援助成金 (障害者職業能力開発，建設労働者関係の 各コース) ・雇用調整助成金 ・労働移動支援助成金 ・地域雇用開発助成金 ・人材確保等支援助成金 ・通年雇用助成金

付録　各都道府県の問い合わせ窓口

				・キャリアアップ助成金 ・人材開発支援助成金 （特定訓練，一般訓練，教育訓練休暇付与， 特別育成訓練の各コース） ・企業内人材育成推進助成金
		【4階】 雇用環境・ 均等室 076-432-2728 （直）	・両立支援等助成金 ・業務改善助成金 ・時間外労働等改善助成金 ・受動喫煙防止対策助成金
石川	石川労働局	〒920-0024 金沢市西念3-4-1 金沢駅西合同庁舎5階	職業対策課 076-265-4428 （直）	・両立支援等助成金以外の全助成金 ※両立支援助成金の申請は，雇用環境・均等室で受付。
		〒920-0024 金沢市西念3-4-1 金沢駅西合同庁舎6階	雇用環境・ 均等室 076-265-4429	・両立支援等助成金
福井	福井労働局 職業対策課	〒910-8559 福井市春山1-1-54 福井春山合同庁舎9階	0776-26-8613 （直）	・全助成金 ※両立支援等助成金・業務改善助成金・時間外労働等改善助成金の申請は「雇用環境・均等室」で，受動喫煙防止対策助成金の申請は「健康安全課」で受付。
山梨	山梨労働局 職業対策課	〒400-8577 甲府市丸の内1-1-11	055-225-2858 （直）	・特定求職者雇用開発助成金（三年以内既卒者等採用定着コース）・障害者雇用安定助成金（障害者職場適応援助コース，障害・治療と仕事の両立支援制度助成コース，中小企業障害者多数雇用施設設備等コース）・人材確保等支援助成金・キャリアアップ助成金・人材開発支援助成金（建設労働者認定訓練コース，建設労働者技能実習コース，障害者職業能力開発助成金）
	山梨労働局 訓練室	〒400-8577 甲府市丸の内1-1-11	055-225-2861 （直）	・人材開発支援助成金（特定訓練コース，一般訓練コース，教育訓練休暇付与コース，特別育成訓練コース）
	山梨労働局 雇用環境・均等室	〒400-8577 甲府市丸の内1-1-11	055-225-2851 （直）	・両立支援等助成金

長野	長野労働局 職業対策課	〒380-8572 長野市中御所1-22-1	026-226-0866 （直）	障害者雇用安定助成金のうち， ・障害者職場適応援助コース ・障害や傷病治療と仕事の両立支援コース ・中小企業障害者多数雇用施設設置等コース 人材確保等支援助成金 キャリアアップ助成金 人材開発支援助成金のうち， ・建設労働者認定訓練コース ・建設労働者技能実習コース ・障害者職業能力開発コース ※上記以外の助成金のうち，人材開発支援助成金（特定訓練コース，一般訓練コース，教育訓練休暇付与コース，特別育成訓練コース）は訓練室で，両立支援等助成金は雇用環境・均等室で，その他の助成金の支給申請は各安定所で受付。
	長野労働局 訓練室		026-226-0862 （直）	人材開発支援助成金のうち， ・特定訓練コース ・一般訓練コース ・教育訓練休暇付与コース ・特別育成訓練コース ※上記以外の助成金のうち，障害者雇用安定助成金（障害者職場適応援助コース，障害や傷病治療と仕事の両立支援コース，中小企業障害者多数雇用施設設置等コース），人材確保等支援助成金，キャリアアップ助成金，人材開発支援助成金（建設労働者認定訓練コース，建設労働者技能実習コース，障害者職業能力開発コース）は職業対策課で，両立支援等助成金は雇用環境・均等室で，その他の助成金の支給申請は各安定所で受付。
	長野労働局 雇用環境・均等室		026-223-0560 （直）	・両立支援等助成金 ※上記助成金のみ受付。
岐阜	岐阜労働局 助成金センター	〒500-8842 岐阜市金町4-30 明治安田生命岐阜金町ビル3階	058-263-5650 （直）	・両立支援等助成金 以外の全助成金 ※両立支援等助成金の申請は岐阜労働局雇用環境・均等室で受付。
		〒500-8273 岐阜市金竜町5-13 岐阜合同庁舎4階	058-245-1550	両立支援等助成金の申請
静岡	静岡労働局 雇用環境・均等室	〒420-8639 静岡市葵区追手町9-50 静岡地方合同庁舎5階	054-254-6320 （代）	・両立支援等助成金 ・業務改善助成金 ・時間外労働等改善助成金 ※郵送の場合は直接静岡労働局雇用環境・均等室へ送付。

付録　各都道府県の問い合わせ窓口

	静岡労働局 職業対策課	〒420-8639 静岡市葵区追手町 9-50 静岡地方合同庁舎5 階	054-271-9970 （代）	・両立支援等助成金，業務改善助成金，時間外労働等改善助成金（以下両立支援助成金等という）及び下記以外の助成金 ※両立支援等助成金等の申請は静岡労働局雇用環境・均等室で受付。 ※郵送の場合は直接静岡労働局職業対策課へ送付。 ※障害者関係の助成金は郵送の場合も管轄ハローワークへ送付。
			054-653-6116	・人材開発支援助成金（建設労働者認定訓練，建設労働者技能実習の各コース） ・人材確保等支援助成金（雇用管理制度（建設分野），若年者及び女性に魅力ある職場づくり事業（建設分野），作業員宿舎等設置助成（建設分野）の各コース） ・特定求職者雇用開発助成金（障害者初回雇用・発達障害者難治性疾患患者雇用開発コースは除く） ・トライアル雇用助成金（障害者トライアルコースは除く） ・労働移動支援助成金 ※郵送の場合は直接静岡労働局職業対策課へ送付。
愛知	愛知労働局 雇用環境・均等部 企画課	〒460-0008 名古屋市中区栄2-3-1 名古屋広小路ビルヂング11階	052-857-0313	・両立支援等助成金 ・時間外労働改革助成金
	愛知労働局 職業対策課	〒460-0008 名古屋市中区栄2-3-1 名古屋広小路ビルヂング15階	052-219-5507	・人材開発支援助成金のうち障害者職業能力開発コース
	愛知労働局 あいち雇用助成室	〒460-0008 名古屋市中区栄2-3-1 名古屋広小路ビルヂング11階	052-688-5758	・人材開発支援助成金のうち障害者職業能力開発コース以外 ・キャリアアップ助成金
三重	三重労働局 職業対策課	〒514-8524 津市島崎町327-2 津第2地方合同庁舎	059-226-2111 （直）	下記を除く全助成金 ・雇用調整助成金 ・地域雇用開発助成金 ・トライアル雇用助成金 ・両立支援等助成金 ※雇用調整助成金，地域雇用開発助成金，トライアル雇用助成金の申請は各安定所で受付。 ※両立支援等助成金の申請は労働局雇用環境・均等室受付。

195

	三重労働局 雇用環境・均等室	〒514-8524 津市島崎町327-2 津第2地方合同庁舎	059-261-2978	・両立支援等助成金
滋賀	滋賀労働局 職業対策課	〒520-0806 大津市打出浜14番 15号 滋賀労働総合庁舎5 階	077-526-8686 （直）	・障害者雇用安定助成金（障害者 職場適応援助コースの訪問型職 場適応援助者分） ・通年雇用助成金
	助成金コーナー	〒520-0806 大津市打出浜14番 15号 滋賀労働総合庁舎5 階	077-526-8251 （直）	・雇用調整助成金（支給申請のみ） ・生涯現役起業支援助成金 ・人材確保等支援助成金 ・キャリアアップ助成金 ・人材開発支援助成金（建設労働 者関係含む）
	滋賀労働局 雇用環境・均等室	〒520-0806 大津市打出浜14番 15号 滋賀労働総合庁舎4 階	077-523-1190 （直）	・両立支援等助成金
京都	京都労働局 助成金センター	〒604-8171 京都市中京区烏丸御 池下ル虎屋町566-1 井門明治安田生命ビ ル2階	075-241-3269	・両立支援等助成金以外の全助成 金（両立支援等助成金は労働局 雇用環境・均等室で受付。） ※京都西陣所・京都七条所管内の 事業所について受付。
	京都労働局 雇用環境・均等室	〒604-0846 京都市中京区両替町 通御池上ル金吹町 451	075-241-3212	※両立支援等助成金
大阪	大阪労働局 助成金センター	〒540-0028 大阪市中央区常盤町 1-3-8 中央大通FNビル9 階	06-7669-8900	・雇用環境・均等部企画課及び （独）高齢・障害・求職者雇用支 援機構で取扱う助成金を除く雇 用関係助成金
	大阪労働局 雇用環境・均等部 企画課	〒540-8527 大阪市中央区大手前 4-1-67 大阪合同庁舎第2号 館8階	06-6941-4630	・両立支援等助成金，時間外労働 等改善助成金，業務改善助成金
兵庫	兵庫労働局 職業対策課（ハロー ワーク助成金デス ク）	〒651-0083 神戸市中央区浜辺通 2-1-30 三宮国際ビル5階	078-221-5440 （直）	・雇用調整助成金 ・労働移動支援助成金 ・特定求職者雇用開発助成金 ・トライアル雇用助成金 ・地域雇用開発助成金 ・生涯現役起業支援助成金 ・障害者雇用安定助成金 ・人材確保等支援助成金 ・通年雇用助成金 ・キャリアアップ助成金 ・人材開発支援助成金

付録　各都道府県の問い合わせ窓口

	兵庫労働局 雇用環境・均等部 企画課	〒650-0044 神戸市中央区東川崎町1-1-3 神戸クリスタルタワー15階	078-367-0700	・両立支援等助成金
奈良	奈良労働局 職業対策課	〒630-8113 奈良市法蓮町387 奈良第3地方合同庁舎	0742-32-0209 （直）	・人材開発支援助成金のうち障害者職業能力開発コース
	奈良労働局 職業安定部助成金センター	〒630-113 奈良市法蓮町163-1 新大宮愛正寺ビル402号 （郵送先） 〒630-8113 奈良市法蓮町387 奈良第3地方合同庁舎	0742-35-6336	・人材確保等支援助成金・キャリアアップ助成金・人材開発支援助成金（障害者職業能力開発コースを除く）・地域雇用開発助成金 ・雇用調整助成金（奈良・大和郡山管轄分） ・特定求職者雇用開発助成金（奈良・大和郡山管轄分）
	奈良労働局 雇用環境均等室	〒630-8113 奈良市法蓮町387 奈良第3地方合同庁舎	0742-32-0210 （直）	・両立支援等助成金
和歌山	和歌山労働局 職業対策課	〒640-8581 和歌山市黒田二丁目3番3号 和歌山労働総合庁舎5F	073-488-1161 （直）	・両立支援等助成金以外の全助成金 ※両立支援等助成金の申請は労働局雇用環境・均等室（4F）で受付。
	和歌山労働局 雇用環境・均等室	〒640-8581 和歌山市黒田二丁目3番3号 和歌山労働総合庁舎4F	073-488-1170 （直）	・両立支援等助成金
鳥取	鳥取労働局 雇用環境・均等室	〒680-8522 鳥取市富安2-89-9	0857-29-1701	・両立支援等助成金 ※上記以外の助成金は各安定所で受付。
	鳥取公共職業安定所	〒680-0845 鳥取市富安2-89	0857-23-2021	・両立支援等助成金以外の全助成金 ※両立支援等助成金の支給申請は鳥取労働局雇用環境・均等室で受付。

島根	島根労働局 職業対策課	〒690-0841 松江市向島町134-10 松江地方合同庁舎5階	0852-20-7020	・人材確保等支援助成金のうち 雇用管理制度助成コース（建設分野） 若年者及び女性に魅力ある職場づくり事業コース（建設分野） 作業員宿舎等設置助成コース（建設分野） 中小企業団体助成コース ・人材開発支援助成金のうち 建設労働者認定訓練コース 建設労働者技能実習コース 障害者職業能力開発コース ・トライアル雇用助成金のうち 若年・女性建設労働者トライアルコース ・障害者雇用安定助成金 ※上記以外の助成金のうち，人材開発支援助成金（特定訓練コース，一般訓練コース，教育訓練休暇付与コースの申請は訓練室で，両立支援等助成金の申請は雇用環境・均等室で，それ以外の助成金の申請は各安定所で受付。
	島根労働局 訓練室	〒690-0841 松江市向島町134-10 松江地方合同庁舎5階	0852-20-7028	・人材開発支援助成金のうち 特定訓練コース 一般訓練コース 教育訓練休暇付与コース ※上記以外の助成金のうち，人材開発支援助成金（建設労働者認定訓練コース，建設労働者技能実習コース，障害者職業能力開発コース），人材確保等支援助成金（雇用管理制度助成コース（建設分野），若年者及び女性に魅力ある職場づくり事業コース（建設分野），作業員宿舎等設置助成コース（建設分野），中小企業団体助成コース），障害者雇用安定助成金，トライアル雇用助成金（若年・女性建設労働者トライアルコース）の申請は職業対策課で，両立支援等助成金の申請は雇用環境・均等室で，それ以外の助成金の申請は各安定所で受付。

付録　各都道府県の問い合わせ窓口

	島根労働局 雇用環境・均等室	〒690-0841 松江市向島町134-10 松江地方合同庁舎5階	0852-31-1161	・両立支援等助成金 ※上記以外の助成金のうち，人材開発支援助成金（建設労働者認定訓練コース，建設労働者技能実習コース，障害者職業能力開発コース），人材確保等支援助成金（雇用管理制度助成コース（建設分野），若年者及び女性に魅力ある職場づくり事業コース（建設分野），作業員宿舎等設置助成コース（建設分野），中小企業団体助成コース），障害者雇用安定助成金，トライアル雇用助成金（若年・女性建設労働者トライアルコース）の申請は職業対策課で，人材開発支援助成金（特定訓練コース，一般訓練コース，教育訓練休暇付与コース）の申請は訓練室で，それ以外の助成金の申請は各安定所で受付。
岡山	岡山労働局 助成金事務室	〒700-0984 岡山市北区桑田町18-28 明治安田生命岡山桑田町ビル6階	086-238-5301	・キャリアアップ助成金 ・人材開発支援助成金のうち特定訓練コース・一般訓練コース・教育訓練休暇付与コース・特別育成訓練コース
	岡山労働局 職業対策課	〒700-8611 岡山市北区下石井1-4-1 岡山第2合同庁舎3階	086-801-5107 （直）	・労働移動支援助成金・地域雇用開発助成金・生涯現役起業支援助成金・障害者雇用安定助成金・人材確保等支援助成金・通年雇用助成金・人材開発支援助成金のうち建設労働者認定訓練コース・建設労働者技能実習コース・障害者職業能力開発コース
	岡山労働局 雇用環境・均等室	〒700-8611 岡山市北区下石井1-4-1 岡山第2合同庁舎3階	086-224-7639	・両立支援等助成金
広島	広島労働局 職業対策課	〒730-0013 広島市中区八丁堀5-7 広島KSビル4F	082-502-7832	・特定求職者雇用開発助成金 ・トライアル雇用助成金 上記以外の全助成金（広島所及び広島東所の管轄内の事業所からの申請に限ります） ※両立支援等助成金の申請については雇用環境・均等室で，それぞれ受付。
	広島労働局 雇用環境・均等室	〒730-8538 広島市中区上八丁堀6-30 広島合同庁舎第2号館5F	082-221-9247	・両立支援等助成金 ※上記以外の助成金の支給申請については職業対策課または各安定所で受付。

199

		〒730-8513 広島市中区上八丁堀8-2 広島清水ビル	082-221-3841	・特定求職者雇用開発助成金 ※ただし，三年以内既卒者等採用定着コースについては，広島新卒応援ハローワーク（広島学卒部門）で受付。 ・トライアル雇用助成金 ※上記以外の助成金（両立支援等助成金を除きます）の支給申請については職業対策課で受付。 ※両立支援等助成金の支給申請については，雇用環境・均等室で受付。
山口	山口労働局 雇用環境・均等室	〒753-8510 山口市中河原町6-16 山口地方合同庁舎2号館	083-995-0390 （直）	・両立支援等助成金を受付。
		〒753-0064 山口市神田町1-75	083-922-0043	・雇用調整助成金 ・労働移動支援助成金 ・特定求職者雇用開発助成金 ・トライアル雇用助成金 ・地域雇用開発助成金 　上記助成金を受付。 ・両立支援等助成金については雇用・環境均等室で受付。 ・これ以外の助成金についてはハローワーク又は山口労働局職業対策課で受付。
徳島	徳島労働局 職業対策課 雇用環境・均等室	〒770-0851 徳島市徳島町城内6-6 徳島地方合同庁舎4階	助成金センター 088-622-8609 （雇用環境・均等室） 088-652-2718	（雇用環境・均等室で申請を受け付けている助成金） ・両立支援等助成金
香川	香川労働局 職業対策課	〒760-0019 高松市サンポート3-33 高松サンポート合同庁舎北館3F	087-811-8923 （直）	・雇用調整助成金，トライアル雇用奨励金，両立支援等助成金以外の全助成金
	香川労働局 雇用均等室	〒760-0019 高松市サンポート3-33 高松サンポート合同庁舎北館2F	087-811-8924 （直）	・両立支援等助成金
愛媛	愛媛労働局 職業対策課	〒790-8538 松山市若草町4-3 松山若草合同庁舎5階	089-941-2940 （直）	・障害者雇用安定助成金 ・人材開発支援助成金（障害者職業能力開発コース）
	職業対策課分室 助成金センター	〒790-0012 松山市湊町3-4-6 松山銀天街GET!4階	089-987-6370	・人材確保等支援助成金 ・障害者雇用安定助成金（障害者職場定着支援コース） ・人材開発支援助成金（特定訓練コース，一般訓練コース，建設労働者認定訓練コース，建設労働者技能実習コース）

付録　各都道府県の問い合わせ窓口

	愛媛労働局 訓練室	〒790-8538 松山市若草町4-3 松山若草合同庁舎5 階	089-900-5244	・人材開発支援助成金（教育訓練 　休暇等付与コース）
	愛媛労働局 雇用均等室	〒790-8538 松山市若草町4-3 松山若草合同庁舎6 階	089-935-5222 （直）	・両立支援等助成金
高知	高知労働局 職業対策課	〒780-8548 高知市南金田1-39	088-885-6052 （直）	・生涯現役起業支援助成金 ・障害者雇用安定奨励金 ・人材確保等支援助成金 ・通年雇用助成金 ・キャリアアップ助成金
福岡	福岡労働局 職業対策課 福岡助成金セン ター	〒812-0013 福岡市博多区博多駅 東2-11-1 福岡合同庁舎本館1 階	092-411-4701	・両立支援等助成金 ・時間外労働等改善助成金 ・業務改善助成金 ・受動喫煙防止対策助成金以外の 　全助成金 ※両立支援等助成金，時間外労働 　等改善助成金，業務改善助成金 　の申請は雇用環境・均等部企画 　課で受付。 ※人材開発支援助成金（特別育成 　訓練コース）のうち，有期実習 　型訓練の訓練計画，人材開発支 　援助成金（特定訓練コース）の 　うち，特定分野認定実習併用職 　業訓練及び認定実習併用職業訓 　練の大臣認定申請，並びに中高 　年齢者雇用型訓練の訓練計画に 　ついては，訓練室で受付。
		〒806-8509 （北九州雇用調整助 成金臨時窓口） 北九州市八幡西区岸 の浦1-5-10 八幡労働総合庁舎 1F	093-616-0860	・雇用調整助成金
	福岡労働局 雇用環境・均等部 企画課	〒812-0013 福岡市博多区博多駅 東2-11-1 福岡合同庁舎新館4 階	092-411-4717	・両立支援等助成金 ・時間外労働等改善助成金 ・業務改善助成金

201

	福岡労働局 訓練室	〒812-0013 福岡市博多区博多駅東2-11-1 福岡合同庁舎新館6階	092-434-9805	・人材開発支援助成金（特別育成訓練コース）のうち，有期実習型訓練の訓練計画 ・人材開発支援助成金（特定訓練コース）のうち，特定分野認定実習併用職業訓練及び認定実習併用職業訓練の大臣認定申請，並びに中高年齢者雇用型訓練の訓練計画 ※人材開発支援助成金（特定訓練コース）の特定分野認定実習併用職業訓練及び認定実習併用職業訓練については，大臣認定申請後，別途訓練計画を福岡助成金センターに提出する。 ※上記助成金の支給申請については，福岡助成金センターで受付。
佐賀	佐賀労働局 職業対策課	〒840-0801 佐賀市駅前中央3-3-20 佐賀第2合同庁舎6階	0952-32-7173 （直）	下記以外の全助成金 ・両立支援等助成金 ・特定求職者雇用開発助成金 ・トライアル雇用助成金 ※上記助成金のうち，両立支援等助成金は佐賀労働局雇用環境・均等室で，特定求職者雇用開発助成金・トライアル雇用助成金は，各公共職業安定所受付。
	佐賀労働局 雇用環境・均等室	〒840-0801 佐賀市駅前中央3-3-20 佐賀第2合同庁舎7階	0952-32-7218 （直）	・両立支援等助成金
長崎	長崎労働局 職業対策課	〒850-0033 長崎市万才町7-1 住友生命長崎ビル6階	095-801-0042 （直）	下記以外の全助成金 ・トライアル雇用助成金 ・両立支援等助成金
	長崎労働局 雇用環境・均等室	〒850-0033 長崎市万才町7-1 住友生命長崎ビル3階	095-801-0050 （直）	・両立支援等助成金
		〒852-8522 長崎市宝栄町4-25	095-862-8609 （代）	・トライアル雇用助成金 ※両立支援等助成金及びトライアル雇用助成金以外の助成金の郵送による申請は，長崎労働局職業対策課で受付。
熊本	熊本労働局 雇用環境・均等室	860-8514 熊本市西区春日2-10-1 熊本地方合同庁舎A棟9階	096-352-3865	・両立支援等助成金（6コース）
	熊本労働局 職業対策課		096-211-1704	・職業対策課分室，雇用環境・均等室，各安定所で受け付ける助成金以外の全助成金

付録　各都道府県の問い合わせ窓口

	熊本労働局 職業対策課分室	〒860-0051 熊本市西区二本木 2-7-2 ヴァルール熊本駅前 2階	096-312-0086	・雇用調整助成金 ・労働移動支援助成金（3コース） ・地域雇用開発助成金 ・キャリアアップ助成金
大分	大分労働局 大分助成金セン ター	〒870-0037 大分市東春日町17- 20 大分第2ソフィアプ ラザビル4階	097-535-2100	・両立支援等助成金 以外の全助成金 ※両立支援等助成金は雇用環境・ 均等室で受付。
	大分労働局 雇用環境・均等室	〒870-0037 大分市東春日町17- 20 大分第2大分第2ソ フィアプラザビル3 階	097-532-4025	・両立支援等助成金 ※上記以外の助成金ついては，大 分助成金センター及び各ハロー ワークで受付。
宮崎	宮崎労働局 職業対策課 助成金センター	〒880-0805 宮崎市橘通東3丁目 1番22号 宮崎合同庁舎5階	0985-61-8288 または 0985-38-8824	・両立支援等助成金及び65歳超雇 用推進助成金を除く雇用関係助 成金
	宮崎労働局 雇用環境・均等室	〒880-0805 宮崎市橘通東3丁目 1番22号 宮崎合同庁舎4階	0985-38-8821 （代）	・両立支援等助成金
鹿児島	鹿児島労働局 職業対策課3階助 成金相談・受付 コーナー	〒892-0847 鹿児島市西千石町 1-1 鹿児島西千石第一生 命ビル3階	099-219-8713	・雇用調整助成金 ・労働移動支援助成金 ・地域雇用開発助成金 ・特定求職者雇用開発助成金
	鹿児島労働局 職業対策課2階助 成金相談・受付 コーナー	〒892-0847 鹿児島市西千石町 1-1 鹿児島西千石第一生 命ビル2階	099-219-5101	・人材確保等支援助成金 ・キャリアアップ助成金 ・人材開発支援助成金（障害者職 業能力開発コースを除く）
沖縄	沖縄助成金セン ター	〒900-0006 那覇市おもろまち 2-1-1 那覇第2地方合同庁 舎1号館1階	098-868-1606 （直）	・雇用調整助成金 ・労働移動支援助成金 ・生涯現役起業支援助成金 ・特定求職者雇用開発助成金 ・人材確保等支援助成金 ・地域雇用開発助成金（地域雇用 開発コース，沖縄若年者コース） ・障害者雇用安定助成金 ・キャリアアップ助成金 ・人材開発支援助成金
	雇用環境・均等室	〒900-0006 那覇市おもろまち 2-1-1 那覇第2地方合同庁 舎1号館3階 （②番窓口）	098-868-4403 （直）	・両立支援等助成金（出生時両立 支援コース，介護離職防止支援 コース，育児休業等支援コース， 再雇用者評価処遇コース，女性 活躍加速化コース）

203

【著者紹介】

佐藤 敦規（さとう あつのり）

1964年東京生まれ。中央大学文学部卒業後は印刷会社に勤務。社会保険労務士試験合格後，三井住友海上あいおい生命保険株式会社を経て社会保険労務士法人すばる（東京都中央区京橋）に入所。約100社の助成金申請代行業務を行い，会社都合の離職があった企業以外はすべて成功を収めている。助成金申請以外では，就業規則，人事評価制度・賃金規定の作成に携わっている。

■セミナー講師の実績
・エン・ジャパン株式会社：2017年「無期転換とキャリアアップ助成金」，2019年「同一労働同一賃金のポイント」
・株式会社manebi：2018年「働き方改革で利用できる助成金」
・全国民営職業紹介事業協会：2019年「外国人をめぐる職業紹介」

■著書
・「税理士ツチヤの相続事件簿」（星雲社・共著）
・その他，THE21オンラインなどのWebメディアに掲載多数

2019年6月30日　初版第1刷発行

社会保険労務士のための
「働き方改革」対応・助成金　実務のポイント

ⓒ著　者　佐　藤　敦　規

発行者　脇　坂　康　弘

発行所　株式
会社　同友館

〒113-0033 東京都文京区本郷3-38-1
TEL.03(3813)3966
FAX.03(3818)2774
https://www.doyukan.co.jp/

落丁・乱丁本はお取り替えいたします。
ISBN 978-4-496-05425-9

三美印刷／松村製本所
Printed in Japan

本書の内容を無断で複写・複製（コピー），引用することは，
特定の場合を除き，著作者・出版社の権利侵害となります。